广东省普通高校青年创新人才类项目“消费行为对品牌稀释的反向影响机制研究（项目编号：E410708）2018—2021”成果

消费情理对品牌形象的影响机制研究：社会性消费视角

李丹妮 著

WUHAN UNIVERSITY PRESS
武汉大学出版社

图书在版编目(CIP)数据

消费情理对品牌形象的影响机制研究:社会性消费视角/李丹妮著.—武汉:武汉大学出版社,2021.8(2022.4 重印)
ISBN 978-7-307-22455-1

Ⅰ.消… Ⅱ.李… Ⅲ.消费者行为论—影响—产品形象—研究 Ⅳ.F273.2

中国版本图书馆 CIP 数据核字(2021)第 141849 号

责任编辑:陈 红　　责任校对:李孟潇　　版式设计:马 佳

出版发行:**武汉大学出版社** (430072 武昌 珞珈山)
(电子邮箱:cbs22@whu.edu.cn 网址:www.wdp.com.cn)
印刷:武汉邮科印务有限公司
开本:720×1000 1/16　印张:9.25　字数:150 千字　插页:1
版次:2021 年 8 月第 1 版　2022 年 4 月第 2 次印刷
ISBN 978-7-307-22455-1　定价:38.00 元

前　言

品牌形象由企业形象、产品形象和品牌使用者形象三方组成。以往营销学领域关注较多的是与企业和产品两者相关的研究理论拓展和企业实践意义；而在品牌使用者形象方面，则由于其内涵的复杂性和管理的不可控性，目前甚少有研究涉猎。然而，随着消费行为的外部性影响不断扩大，品牌使用者对品牌形象造成的影响越来越深刻。这种引起他人关注或对他人产生影响的消费行为，演绎成社会性消费行为。由此，本研究拟从观察者视角出发，对社会性消费问题展开系统研究。本文的创新之处主要有以下三个方面：

(1)从观察者视角，构建了大众对于社会性消费行为的评价机制，阐释了为何大众对同样的消费行为会作出截然不同的评价。研究一应用扎根理论方法，通过对网上消费事件报道中的评帖进行分析，发现大众对于社会性消费评价遵循消费义务和权利对等的公平法则。对消费义务的期望感知是大众态度形成的前因，而消费者个人能力和社会贡献、商品属性感知(炫耀 vs 功能)也是期望和感知的重要影响因素。对于社会性消费而言，亲社会行为的消费义务履行是获取好评的重要途径，企业可以适当引导消费者义务履行，帮助消费者提高行为合理性。

(2)构建了消费行为对于品牌和消费者的影响机制。现有研究关注得较多的是企业和产品对品牌形象的影响，忽略了使用者消费行为的影响作用，本文对此进行了有效补充。首先，研究二通过 3 个实验发现，观察者对向上符号消费行为评价较差，从而对品牌和个人产生不好社会影响评价。但对向下功能消费行为评价较好，可以给品牌和个人带来良好的社会影响。并且发现消费情理是大众评价的关注点，消费行为只有符合消费情理时，才能产生积极影响作用，消费情理起着中介影响作用。其次，研究三通过 2 个实验发现，观察者规范意识、行为从众归因对影响具有调节作用。相对而言，高规范者对向上符号消费评价更差，而对向下功能消费评价更好。而对消费行为的从众归因，可以削弱向上符号消费的负面影响作用。消费行为的非从众归因，可以增强向下功能消费的正面影响作用。研究二和研究三较全面地提供了消费行为影响作用的解释机制。

(3)拓展了社会性消费行为类型的研究，总结出向上符号消费和向下功能消费两种类型。非核心用户(non-core user)行为逐渐成为品牌研究的关注点，如已有研究将非核心用户分为品牌游客和品牌移民，但游客和移民的身份难以界定。本研究从消费者收入和消费水平不匹配角度，提炼出向上符号消费和向下功能消费两种行为类型，提供了更高解释度的分类，并通过两个研究，证实了向上符号消费对品牌和个人具有负面影响作用，向下功能消费对品牌和个人具有正面影响作用。

目　录

第1章　导　　论

1.1　问题提出

互联网时代，消费行为所受的社会关注度不断增加。一方面是人们主动“晒”出各种消费成果，另一方面是媒体对热点消费事件的追踪报道。消费行为的社会影响作用不断提升，由私人行为开始向社会行为演变。社会性消费行为评价，对品牌具有“一荣俱荣，一损俱损”的连带效应。当消费者行为得到好评时，不仅个人可以得到社会认同，当事品牌也会获得赞许，给品牌形象增添色彩；而当消费行为造成负面影响时，不但消费者会受到批评，也会连累品牌声誉，造成品牌稀释影响(Richins，1983)。那么，为何同样消费，有人得到认同，有人却饱受非议？大众如何评介他人社会性消费行为是一个值得研究关注的基础性问题。

在社会性消费报道当中，有两类消费故事通常所引起的热议度较高：(1)低收入者购买高价格品牌产品；(2)高收入者购买低价格品牌产品。这种消费者与品牌目标消费人群不匹配的消费事件，会对品牌形象产生何种影响？这是品牌稀释管理的一个较新的问题视角，即对消费者如何反馈影响品牌形象缺乏研究关注(Keller，2003)。从企业实践角度看，品牌形象具有重要地位，它具有双重影响作用：(1)对消费者而言，消费者购买和使用品牌产品，是因为品牌形象代表着消费者向往成为的人群类别。品牌形象可以提升消费者自我形象，有助于其获取社会认可(Dichter，1985)。(2)对企业而言，品牌形象是品牌资产的重要构成，是吸引消费者购买的重要价值诉求点，品牌传播工作的重心就是树立拟定的品牌形象。因此，强化品牌形象价值，发挥品牌形象双重影响的协同作用，是品牌运营管理的理想状态。

然而，不匹配消费行为使品牌形象面临稀释(dilution)风险。如定位于贵族人群(品牌消费者群体形象)的高端奢侈品被普通消费者使用时(Kirmani & Sood, 1999; Muge & Korkut, 2010)，两者之间形象的不匹配会降低大众对于品牌原有高端形象的认知，这已被证实会对品牌形象具有负面稀释影响(Keller, 1993)。它既会降低品牌潜在消费人群的购买意愿，又会对品牌形象资产造成不利影响。对这种由消费者造成的品牌稀释应当如何应对管理是品牌稀释管理当中的新课题。

对于不匹配消费产生的品牌稀释影响的管理具有一定的应对难度：

(1)消费者具有自主选择权。在具备购买能力和购买意愿的前提下，消费者可以自由选择喜欢的品牌产品。虽然可以采用限量或设置购买门槛等限制条件来干预消费者的选择，但自由交易市场中这未必是行之有效的策略。如网络中消费者之间的自由交易，可以满足购买需求。因此只能采取积极策略，提供行之有效的品牌干预措施。

(2)消费者动机具有合理性。一方面品牌具有符号象征价值，通过产品的购买使用可以实现品牌形象价值的溢出效应，帮助消费者改变或提升自我形象。另一方面参照群体效应揭示，当消费者向往某个群体时，使用该群体常用的品牌产品有助于获得群体认同(Jee et al., 2010)。人通常都具有向上发展的社会动机需求，这势必会造成消费者个人形象与品牌形象间的不一致问题。从价值角度分析，这种形象的不匹配代表着消费者的需求动机，是消费时代品牌价值作用所在，同时也是品牌存在的基础。因此，如何为形象不匹配的消费者提供品牌价值服务，是需要关注研究的理论问题。

(3)商家品牌形象工程的必然结果。品牌的重要性已无须论述，它是企业发展的重要资产，同时也是企业外部资源获取的市场竞争工具。塑造品牌是企业的一项长期系统工程，而品牌工程有两个方面的重点：首先，是树立差异化的品牌形象，形成与竞争对手的有效区隔，便于消费者识别和记忆(Dichter, 1985)。其次，向上发展品牌，提升品牌价值空间，获取品牌价值红利。相对而言，高端品牌产品可给企业带来更多的利润空间，是企业视角品牌价值的典型体现。为此，建立高端品牌形象是品牌工程当中的普遍做法，不可避免地会产生消费者与品牌形象的不匹配问题。原有认知当中，这种不匹配恰恰是许多品牌厂家引以为傲之处，用高端的品牌形象刺激消费者购买，同时可以帮助建立品牌资产。然而忽略之处是在消费者与品牌形象不匹配情境下，当社会大众观察到不匹配的存在时，此时的消费行为会对品牌价值产生稀释作用。品牌形象应该如何管理才是适度原则，这是不匹配消费带来的新研究问题。

1.2　研究思路和具体问题

从以上分析中可以看出，社会性消费由观察者(社会大众)、消费者和品牌三方构成(见图 1-1)，其中品牌和消费者组成社会性消费行为事件。研究焦点是观察者如何评价他人的社会性消费行为，对应研究问题可以分为两大方面：(1)社会性消费的评价机制；(2)社会性消费评价的影响机制。首先，已有学者提出观察者是品牌的潜在消费群体，对于他人消费行为的评价态度会影响其后续品牌偏好选择，从品牌未来市场发展角度看需要注重观察者评价规律(Ferraro et al., 2013)。其次，观察者评价会推动品牌社会标签形成(如“暴发户”用车等标签)，会对品牌形象造成稀释或增强影响，是品牌资产管理需要关注的问题(Henderson, et al., 1998; John et al., 2006; Nam & Kannan, 2014)。

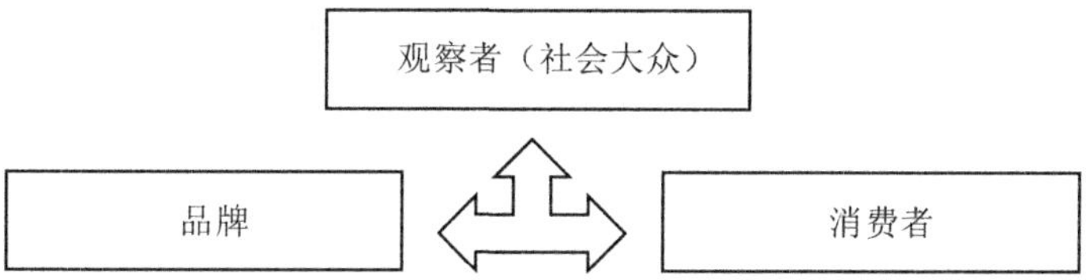

图 1-1　社会性消费研究关联方

因此，观察者如何评价他人社会性消费行为是值得研究的理论问题。在对社会性消费类型的进一步探究中，以消费者是否属于品牌核心目标消费者群体(core users)为依据(Parker, 2009)可以将其分为匹配和不匹配消费行为。其中不匹配消费开始成为品牌研究的新关注点(Bellezza & Keinan, 2014; Bellezza et al., 2014),以消费者收入和商品价格作为对比依据,本研究进一步将不匹配消费划分为向上符号消费和向下功能消费,并在评价研究基础上,研究向上符号消费和向下功能消费的影响作用机制。具体研究以下三个问题:

(1)观察者如何评价他人社会性消费行为?即对社会性消费行为的评价机制研究,这是一般性基础问题。只有认识大众的评价规律,才能为进一步探究社会性消费对品牌的影响提供理论铺垫。这也与以往研究具有较大差异,较多的研究关注的是消费者如何评价自身消费行为,如购前方案评估、购中决策对比和购后体验感受等过程评价。而社会性消费评价,是研究观察者如何评价他人消费行为,为何存在因人而异的评价,观察者的评价标准是什么,评价过程如何进行,以及评价态度如何形成。研究一将对这些问题展开探索。

(2)社会性消费对品牌和消费者有何影响?首先,从消费者动机出发,通常是希望其行为能得到他人认可,提升自我形象;其次,从品牌角度分析,企业希望消费者动机需求能得到满足,并通过消费者行为的良好社会评价提升品牌社会形象和影响力。但在社会性消费评价当中存在关联效应,一旦消费行为得到不好评价,品牌和消费者都会受到牵连(Ferraro et al., 2013)。向上符号消费和向下功能消费有何影响结果?其影响结果如何形成?中间过程机制是什么?研究二将试图回答这些问题。

(3)不匹配消费的影响作用会改变吗?在研究二对其影响结果分析的基础上,是否存在因素会增强或削弱其影响作用?研究三将从调节变量角度分析不匹配消费影响作用的改变机制。

1.3 研究意义

1.3.1 理论意义

完整的消费事件包含消费者、品牌和大众三方。大众作为第三方,扮演着评论者角色,是品牌潜在消费者群体和社会事件的推动者,并且会造成“众口铄金,积毁销骨”的颠覆性影响。然而，较多营销研究着重于企业与产品所产生的品牌效应，忽略了品牌使用者所带来的影响。此外，目前对社会性消费行为及消费责任的研究较少(吴金海，2020)。当行为对他人产生社会影响时，私人消费变化演化成为社会性消费。以往研究较多地关注私人消费动机，而社会性消费会对消费者和品牌产生何种影响，则是值得探究的新问题。在问题的关注视角、研究内容等方面，本文的研究具有三点创新价值：

(1)社会性消费对品牌形象造成的影响。已有研究较多关注的是品牌对消费者的影响，而忽略了消费者行为对品牌的反馈影响机制。已有研究表明，不同类别的消费者对待品牌的态度和行为截然不同，如贵族型、暴发户型、中产阶层和普通型四类消费者在品牌价值诉求与购买决策上具有明显差异(Han et al.，2010)。然而，倘若不同类型的消费者并未依照圈子规范而为，如中产阶层购买了贵族品牌或贵族阶层购买了普通品牌时，这种不匹配消费会对品牌有何影响？由于从行为炫耀的研究视角无法对此提供全面合理的解释，因此需要从消费者行为对于品牌形象的回馈影响机制出发做进一步探究。

(2)本研究在解释机制方面引入了消费情理的中国文化理论变量。情理是中国文化的重要理论，也是指导人们的行事规范，本书将情理引入大众对于他人行为的评价机制当中，可以更好地解释为何同属不匹配消费行为，产生的影响结果具有差异性。将情理作为理论解释变量，而非特定的中国文化问题，具有理论整合特点。

(3)问题领域上关注的是消费者造成的品牌稀释问题管理。关于品牌稀释较多的研究是从产品线延伸方面展开，分析的是多元化造成的品牌联想失去聚焦、品牌形象模糊影响，分析的是企业主动管理决策行为结果。而消费者行为成了品牌稀释问题的新因素，对此应当如何应对管理，是品牌稀释管理当中的新难题。

1.3.2 实践意义

与研究主题相关，本书的研究可提供四点管理启示：

(1)有助于企业认识第三方(大众)对社会性消费的评价规律。为增加品牌社会影响力，很多企业鼓励消费者进行购后展示，认为可以起到产品宣传作用。然而这是收益和风险并存的行为，当消费者行为受到赞扬时，会为品牌带来良好社会影响；而当消费行为受到批评时，作为行为工具途径的品牌也会一并受到批评，从而对品牌造成稀释影响。个人消费行为一旦对他人产生社会影响，就会演变为社会性消费，因此需要了解大众对社会性消费的评价规律。在网络时代，大众对于品牌声誉的影响作用不断增强（如某些品牌的负面标签形成），认识大众的评价规律才能制定相应的策略措施。

(2)提供品牌稀释管理的策略建议。品牌稀释是品牌管理当中企业力图规避的问题，以往较多的研究是从产品线延伸角度展开，分析延伸对品牌联想造成的不利影响。然而，消费者行为对品牌稀释造成的影响已经逐渐引起关注（Ferraro et al.，2013），如"圈外人"使用"圈内"品牌造成稀释影响，如何应对管理则是需要探究的新问题。本文从对不匹配消费的评价过程和应对策略展开的研究，可以为品牌稀释管理提供相应策略建议。

(3)提供客户关系管理策略建议。在认识大众对社会性消费评价规律的基础上，企业可以通过相应策略来改变大众对于品牌用户群体的不良刻板印象，如悍马汽车通过组织品牌用户群体的亲社会活动，有效干预了美国大众对于悍马用户群体的态度评价。此类客户活动可以加深大众对于品牌用户群体的了解，提升品牌消费行为的合理性，同时也可以建立良好的品牌——消费者互动关系。

(4)提供公共政策建议。社会性消费行为的评价影响消费文化的形成过程，如大众推动着品牌负面标签的形成。提升社会性消费的合理性，有利于社会的稳定发展。本文对社会性消费的评价研究，有助于理解大众的评价规律，从而为公共策略制定提供参考依据。

1.4　研究结论概述

本书对社会性消费评价机制和影响机制的研究，整体上可以得出三点结论：

(1)在社会性消费评价机制上，本文通过扎根理论方法研究发现社会性消费行为必须遵从权利和义务对等的社会评价准则，这是由大众对消费者具有履行消费义务的期望所致。不同于一般消费义务，社会性消费中的义务是社会义务的延伸。当期望高于感知时，大众对社会性消费则容易产生消极评价，反之亦然。此外，进一步研究发现，消费者个人能力及其以往对社会的贡献是影响消费义务期望的前置因素，个人能力和社会贡献越高，大众消费义务期望越低。消费行为的炫耀程度和功能感知程度则是消费义务履行感知的重要前置因素。过高的行为炫耀性会降低大众的消费义务履行感知。

(2)在社会性消费影响机制主效应上，研究二通过3个实验研究发现向上符号消费具有负面影响作用，而向下功能消费则具有正面影响作用。并且研究发现消费情理是中介解释机制，根据消费情理的主张，消费者身份应该与其所用产品保持对等的匹配原则，否定有违情理的越轨消费行为。本阶段实验研究发现，当向上符号消费者的购买能力(收入)低于品牌目标群体的相应标准时，将被归因为不合情理的越轨行为。在此情况下，消费者将招致社会批评、不利于其个人形象提升，同时对品牌形象产生稀释作用。与此同时，当向下功能消费者的购买能力(收入)高于品牌目标群体的标准时，将被视为节俭主义消费而被归因为符合情理的越轨行为，由此对品牌和个人产生积极影响作用。

(3)在社会性消费影响机制调节效应上，研究三发现了观察者的社会规范意识和群体规范(group norm)的从众归因的调节影响作用。通过两个实验研究发现，社会规范意识越强者，其越轨行为感知的敏感度越高。出于对情理的维护，高规范者对向上符号消费的评价态度更差，由此对品牌、个人的负面影响作用被进一步扩大。而向下功能消费代表着节俭美德，高规范者对此评价更好，由此对品牌、个人的正面影响作用进一步增强。尽管如此，当向上符号消费被归因为从众需求即消费者是出自对规范的遵从行为时，会被人们归因为符合情理的消费行为，其负面影响作用会被削弱。此外，向下功能消费被归因为非从众行为时，其正面影响作用会进一步增强，因为只有在非从众情境下，高收入者的节俭美德信号才会更加彰显。

1.5　研究设计

1.5.1　研究框架(见图 1-2)

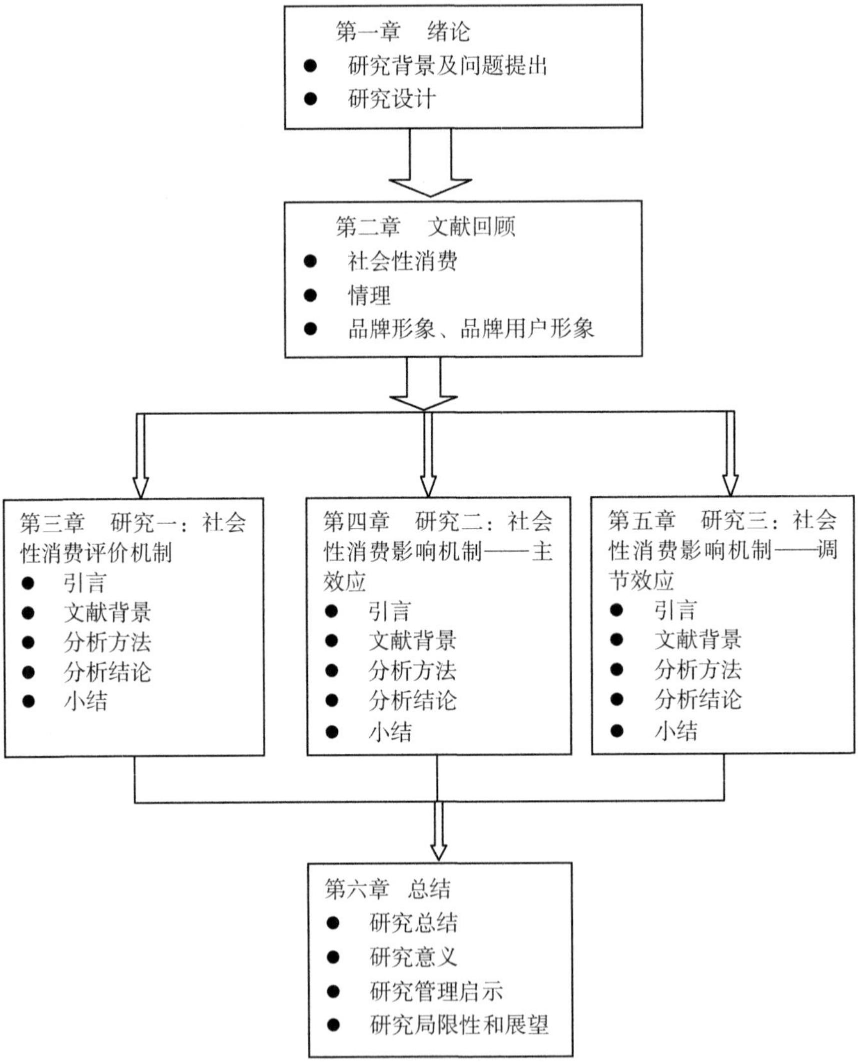

图 1-2　研究框架图

1.5.2 技术路线(见图 1-3)

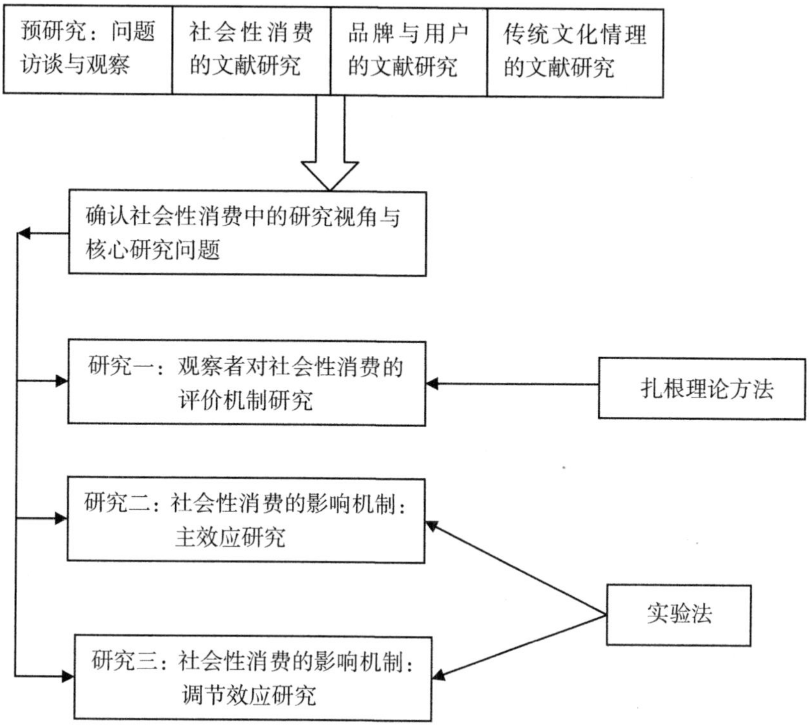

图 1-3 研究技术路线图

第 2 章　文献综述

根据上文的研究思路，本章主要对相关文献进行整理、评述和总结。主要是围绕社会性消费，情理、品牌形象、消费者形象四个方面的内容进行文献回顾。具体而言，第一部分基于对消费类别的梳理，对社会性消费作出定义，同时阐明社会性消费的前置因素和影响作用；第二部分通过对情理相关资料的汇总，对情理的定义、内容和影响作用进行阐释；第三部分通过对品牌形象的定义、归类和影响作用的梳理，论述与其相应的管理策略；第四部分对消费者形象、内容对品牌的反作用及其应对策略进行了整理和归纳。

2.1　社会性消费

社会性消费的产生体现了人们的需求规律。当物质层面的功能需求得到满足后，消费就成为人们归属感建立、自我展示和价值实现的手段。随着大众的消费行为由基本的物质需求转向精神追求、由功能型消费转向符号型消费（Chernev et al.，2011），社会性消费行为呈现突飞猛进的趋势。而消费行为一旦演化成社会性消费的范畴，就会引起他人的关注和评价。同时，随着互联网技术的发展，特别是信息传播途径和速度的增加，社会性消费的影响范围不断扩大，给消费者、企业和社会均造成一定影响。首先，从消费者角度而言，个体通常希望借助外显性消费来提升自我形象，所以大众对此行为的评价将决定其消费目标是否能够达成；其次，对企业而言，社会性消费评价中对于某些消费者群体的负面评价，会直接转移到对品牌形象的感知上，从而对品牌产生污名化影响（Wiesenfeld & Hambrick，2008）；最后，针对社会性消费的主流看法，会对社会文化产生导向性效用，从而影响消费者目标的实现程度。

大众消费，原本是具有普遍性、私密性的行为，作为日常生活中不可或缺的一部分，每个人都具有消费的需求和权利，所以普通的私人消费行为不易引起社会关注。然而，随着消费需求的升级，人们的消费行为开始由物质层面的功能型消费转向精神层面的符号型消费。消费行为的外部性逐渐增加，对他人和社会所造成的影响波及面也与日俱增。在后现代社会，生活方式日渐成为消费领域热议的话题，大众的消费类型和购买内容已经逐渐摆脱了固有社会阶层的束缚。有学者曾经指出，“社会越富裕，钻石商品就越重要”（Ng，Yew Kwang，1987），这一论点也同样适用于社会性消费的研究。而通过高档商品的消费行为来提升个人形象和社会地位，是许多国人的重要消费动机。麦肯锡于2011年发布的《崛起的中国奢侈品市场》研究报告曾预测，中国将于2015年取代日本成为世界性的奢侈品消费大国，届时占有的世界奢侈品市场份额也将高达20%（孙毅蕾，2011）。当消费行为演变为具有公共特征属性的社会化行为，代表着象征符号和价值取向时，就会引发他人对其合理性的关注和评论。

已有研究对消费合理性的探讨，反映了学术界对社会性消费行为的关注。如社会学界的反消费主义和消费主义之争，围绕消费的权利和义务，两个学术分支展开了争论。反消费主义学派认为，消费者在享受消费权利的同时更应承担相应义务，反对过度消费，而消费主义学派则强调个体消费权利的自由（王宁，2010）。由此可见，在经济发展的过程中，消费行为的社会属性代表着消费者对社会认同的追求；同时，人们对社会性消费行为的瞩目也是大众关注这一行为的外部性影响所产生的必然结果。值得一提的是，大众对这种社会化消费行为的评价，不会简单按照性价比原则来进行。那么这种评价标准究竟是什么，则是本书拟探讨的内容。

迄今为止，与社会性消费行为相关的研究仍然甚少（王宁，2001）。对于社会性消费的研究，目前还存在两个明显的不足：首先，是缺乏大量实证研究的支持。目前，针对社会性消费研究往往游离于事实取证之外，或仅仅处于消费动机层面，缺乏第三方视角对于社会性消费行为的评价归因。所以，相关内容只可作为佐证而难以被正式纳入理论体系；其次，随着社会经济的飞速发展，社会性消费的研究形势也不断变化。在现实生活中，直露而夸张的炫耀性商品消费已不多见，人们转而通过一些微妙的消费方式来提升自我形象和社会地位，这种现象说明了深入探讨社会性消费的必要性，同时也为其提供了更具有现实意义的研究素材(邓晓辉等，2005)。对社会性消费的相关理论进行研究和探索，对于阐释这些现象具有重要的指导意义。同时，对社会性消费的研究也具有品牌管理实践意义，其特殊性在于价值实现取决于大众(他人)评价。在现有消费行为研究的基础上，本书将对上述问题进行探究。

2.1.1 消费的类别划分

消费的类型主要可以分为私人性消费和社会性消费两种。首先，消费行为的影响范围只是在个体局部范围之内时，难以对社会他人产生影响，不用接受他人的社会评价。在这样的情况下，消费行为通常关注产品的功能、效用、性价比等产品的私人属性，并且具备三个基本特征：第一，消费资金的来源，一般是来自个人的合法收入(如，劳动报酬、工资等)；第二，个人消费的出发点和目的为商品消费是用以直接满足消费者个人需要的；第三，这种个人需要是由产品提供的实用价值来实现的。在这种情况下，私人消费的消费主体、购买决策的制定者和执行者是三位一体的关系，商品的使用价值也具有个体性、多样性和私密性(Alfred，2012)。其次当消费行为对他人产生影响并引发关注时，消费者、品牌和社会大众三者之间的联系随之建立，由此形成社会性消费。

社会性消费与私人性消费之间最大的区别在于消费动机和影响效果上。从个体动机角度出发，社会学者认为消费行为与自我意识(self-consciousness)相关，个体消费的动机可以被分为“公开型自我意识”和“私人型自我意识”两种，前者是出于人际关系的影响(interpersonal effect)，与炫耀(conspicuous)、自我独特性(snob)、攀比(bandwagon)的动机相关；后者则是因为自我影响(personal effect)所致，与享乐(hedonist)、追求完美(perfectionist)的目标相关(Vigneron et al.，1999)。经济学的相关研究进一步将人的消费目的分为多样化和获得自豪感两种，以获取个体自尊为目标的动机更为集中，并具有更强的持久性和普遍性的特点(Alfred，2012)。从影响效果方面来讲，社会性消费行为更关注产品的符号价值等公共属性。因而从价值构成角度而言，商品本身具备成为社会性消费的基础。

由此可见，社会性消费是由消费者持有“拥有他人所没有的”、获得社会地位提升的内在动机而引发的、为证实和实现自我价值而做出的消费行为。对于这种非功能性的需求而言，消费者最注重的是商品所能产生的外部效应，例如，攀比效应(bandwagon effect)、虚荣效应(snob effect)、凡勃仑效应(Veblen effect)等。消费者通过这种消费行为所产生的影响获取潜在的未来收益，例如，提升个人形象、进入特定的"圈子"、提升他人对自己的认同度等(Vigneron et al.，1999；邓晓辉等，2005)。

2.1.2 社会性消费的定义

本研究对社会性消费的定义，来源于商品价值和物质主义(materialism)(Richins，1994；Belk，1984)的理论基础。首先，商品价值由功能价值和符号价值构成，前者包括功能、效用、物理构成等私人属性(private meaning)，后者指品牌个性、身份象征、符号意义等社会属性(public meaning)，由此可将消费行为划分为私人性消费和社会性消费；其次，根据物质主义观点商品既可以满足需求，也是展示个人形象和理想的社会沟通媒介，商品是消费者自我的延伸，因而消费行为被赋予了社会属性(Belk，1984)。

社会媒体对热点消费事件的报道不断引发关注和评论，表明公开型的消费行为对他人和社会所造成的影响日益增大。为了区别于一般私人性消费行为，我们将这种以传递价值信号为购买目的，并对他人、社会造成较大影响的消费行为称为社会性消费行为。从消费对象来看，社会性消费对象主要是高档奢侈品，人们借助其消费提升自我社会形象。与私人性消费行为通常关注产品的功能、效用、性价比等产品的私人属性不同，社会性消费行为更关注产品的符号价值等公共属性。此外，即便是关注产品功能属性的私人性消费，在一定的情境下对他人产生影响后，也可演变成为社会性消费。

大众的消费选择及其结果产生的社会影响，无论是在维护社会和谐的宏观管理层面，还是对于微观层次的企业营销实践，莫不具有重大的现实指导意义。事实上，与社会性消费相关的研究内容，如品牌形象、消费者形象、消费者购买意愿的影响因素等，已经受到营销学、广告学、社会学、政治学等多个学科的广泛重视。然而，目前针对社会性消费的研究领域仍处于空白状态，这也反映了本研究的理论价值所在。

2.1.3 社会性消费的前置影响因素

2.1.3.1 物质主义(materialism)

通过对物质主义的特征、影响因素、动机等进行的一系列研究表明，物质主义对个体的消费行为具有显著影响，通常表现为明显的物质占有欲，偏好以高档消费来展现自己的成功与社会地位，并且具有较强的意见领袖倾向(Eastman et al.，1999；Fitzmaurice & Comegys，2006)。已有研究指出，物质主义的形成源于个性特征和价值观两种导向。以Belk(1984)为代表的个性特征导向(personality)认为，消费者主要受其认知(cognition)影响，这种影响主要体现在消费者对外界物质性信息的解读方式上。物质主义者对世俗财物的重视程度较高，通常表现为嫉妒、心胸狭窄、占有欲强等个性特点；以Richins(2004)为代表的价值观导向(value)指出，物质主义是一种消费者倾向于物质的获取与占有的价值观，他们将财物及其获得视为最基本的追求，物质体现了他们的价值。

综上，物质主义者具有以下三个共同特征：重视认可、获取快乐、财务成功。首先，物质主义者更关注与商品相关的象征性信息，容易受参照群体的影响并希望成为意见领袖(Hunt et al.，1996)；其次，物质主义者追求比他人拥有更多的东西，相信财物能带给他们快乐，并且给予物品较高的评价；最后，高收入者的物质主义倾向较强，非常强调财务安全。渴望获取与保有财物，内容包括具体的人和物品，乃至回忆(如，象征着过往经验的照片、纪念物等)；同时，这也是人们不安全感的展现(Ger & Belk，1996)。上述内容表明，物质主义者具有较强的社会性消费动机。

值得一提的是，在东方文化情境下，由于“面子”对物质主义和品牌意识的影响，人们更强调产品的社会属性，他们进行奢侈消费更多地是为了获得社会地位的提升。而且，在集体主义背景下，由于人际关系的重要影响，东方消费者的物质主义水平要明显高于西方消费者(Liao & Wang，2009)。此外，扎根于本土文化进行社会性消费行为研究的优势所在也为本书对消费情理的探讨提供了更为切实的研究素材。

2.1.3.2　自我一致性理论(self-congruence)

自我一致性理论起源于个体购买行为决策，随着理论应用范围的拓展而被广泛应用于消费者行为学中。已有大量研究证实，在消费者进行品牌选择的过程中，其理想自我形象(ideal self image)与品牌形象(brand image)的一致性会影响其偏好(Jamal & Goode，2001)。由自我一致性理论的基本假设可知，实际自我形象感知与理想自我形象一致性会影响消费者行为(Dolich，1969)。因此，消费行为本质上是消费者自我的延伸，品牌选择的结果也是人们实际自我与理想自我的匹配。不过，尽管一致性理论指明了匹配性的基本观点，但对于一致性的具体构成内容，还应根据研究问题进行拓展。例如，品牌选择偏好，主要是由品牌形象与消费者形象构成(Cobb-Walgren et al.，1995)；针对送礼行为，则由礼物产品形象、接收者形象与馈赠者形象构成(Liu，2010)。

在社会性消费行为当中，自我一致性由消费者的社会形象与品牌形象构成(Dolich，1969)。从本质上来讲，这种一致性取决于消费者的社会形象与品牌形象两者之间的匹配程度。如果消费行为违反了这种匹配原则，便难以获取他人认同。具体而言，品牌形象是指大众对于品牌的整体感知，是由品牌认知所形成的品牌联想(Dichter，1985)。根据社会学的相关研究，人的社会形象由多个维度的概念构成，如经济、社会地位等内容。在消费情境中，则可以引申为消费者的社会形象(social image)，主要是指他人对消费者整体素质的认知(Lassar et al.，1995)。由此可见，大众对于社会性消费的评价受到自我一致性的影响。在消费者形象与其购买的品牌形象保持匹配的情形下，具有外部性的消费行为有利于个人与品牌两者形象的提升。

2.1.3.3　从众行为(conformity)

从众理论是研究社会个体的行为理论。从众行为，是指人们基于既有社会群体规范和感知到的群体压力，对自己的态度、观点或行为作出的调整和适应(Robertson，1969；Baron & Byme，2004)。经典的从众理论研究主要分为两个学派：Sherif(1937)对群体规范成因的研究指出，个体的言行受到其群体内成员的知识和观点的影响，而群体规范反过来制约着其内部成员的行为。而在外部环境不明朗、人们不知如何界定该情形的情况下，群体成员之间的相互影响所导致的从众行为也越明显。此外，Asch(1951)就群体压力对个体的影响所进行的研究认为，从众的动机由两个方面组成：一是希望获得群体认同、提升他人对自我的评价；二是获得对外部环境的正确认知。群体压力一般是受社会群体所传达的规范类(normative)与信息类(informational)两种因素的影响，前者主要是出于趋利避害的考量，后者则是由于人们希望从群体内部成员中获取准确信息(Deutsch & Gerard, 1955)。

基于从众行为对消费者购买决策的影响研究表明，当消费者不熟悉所购买的品牌和产品而且也没有相应的客观选购标准时，他们会倾向于向群体成员(如，亲戚、朋友、同事和邻居等)进行咨询，以此了解商品的特性(Venkatesan, 1966)。社会性消费由于其可见性较高，更容易受到群体规范的压力影响(Bourne, 1957)。已有研究佐证，奢侈品的消费热潮正是受到群体影响所致(Whyte, 1954)。因此，企业在进行外部性较高的产品销售时，不可忽视从众压力对其目标消费者所产生的影响。基于广告宣传方面的相关研究指出，消费者的从众程度对广告的信任度有显著的影响效果(Boush, 1993; Lascu & Zinkhan, 1999)，因而凭借群体规范和从众行为的作用，有助于提高产品宣传的收益。此外，群体意见领袖的领导才能对从众行为有决定性作用（Stafford, 1966），企业在进行外部性显著的新产品营销时，应注意识别目标客户群中的意见领袖，引导其使用并作出积极评价(Crutchfield, 1955; Gatignon & Robertson, 1985)。

由上述营销学领域基于从众理论所进行的拓展研究可知，群体从众行为对社会性消费具有至关重要的影响作用。而东方国家在儒家文化的影响下，个人服从群体规范是被广泛认可的价值观。“面子”“礼尚往来”等观念作为消费行为的基本准则，给人们施加了强大的群体压力(Yau, 1967)，“礼品”消费体现了人们希望维持良好人际关系的期望(Belk & Coon, 1993)。这表明，东方文化情境下的社会性消费研究意义更为重大。尽管如此，目前从众理论及其相关概念在社会性消费研究中的探讨仍然非常有限(Lascu & Zinkhan, 1999)。

2.1.4 社会性消费的类型及其影响作用

社会大众对于他人的外显消费行为进行关注和评价，说明了消费行为所具有的社会属性。而越来越多的面子消费、情感消费等社会性消费行为，表明了人们希望通过自己的消费行为来获得他人的关注和认可(Liao & Wang，2009)，因此大众对其行为的评价，决定了社会性消费的目标实现程度。根据大众对相关消费事件报道的关注程度，大致可将社会性消费的发起者归结为主动型和被动型两种类别。首先，对于主动型的社会性消费个体，其主要动机是向他人展示自我，通过消费传递个人价值信号(Dolich，1969)。常见形式有奢侈消费(Wiedmann et al.，2009)、炫耀性消费(Amaldoss & Jain，2005)、面子消费(Liao & Wang，2009)等，主动型社会性消费的影响扩散者是消费者本人；另一方面，被动型社会性消费个体，是指一些原属私密性的消费行为，经过社会化媒介传播而引起他人关注和评论，如一些富人的私人消费被曝光后转而成为社会性消费行为。

在上述情况下，社会性消费对象既包括象征型的高档奢侈品，也包含功能型的一般消费品。这是因为，从社会影响效果来看，产品不分类别均可达到相应的影响效果。具体而言，符号型产品可以传达个人身份地位的信号，实用型产品也可以传递个人节俭习惯的信号。因此，本研究将重点关注社会性消费的影响效果，并对其发起者类别、产品类别影响因素加以控制。社会性消费的影响以三元结构为基础：(1)对消费者而言，通常希望借助品牌消费提升自我形象(Dolich，1969)，大众的评价会影响消费目标能否达成。积极的评价有助于个人社会形象的提升，反之则对个人形象造成贬损；(2)对企业而言，社会性消费评价中对于消费者的评价会过渡到品牌形象影响上(Faircloth，2001)。大众对于消费者个人消费行为的负面评价，会过渡到品牌形象影响上，从而对品牌产生负面影响；(3)对大众而言，社会性消费中的大众评价会影响社会文化。大众自发地参与各种社会性消费评价的依据是社会规范准则(Lascu & Zinkhan，1999)。

在移动互联网时代，“众口铄金”所造成的现象表明了消费亚文化形成的过程，对大众自身的消费行为具有指导作用。从环境演变趋势来看，互联网技术的发展促进了信息传播途径和速度快速增加，社会性消费的影响范围随之不断扩大，这对消费者、企业和社会均会造成一定影响。消费行为一旦演化成为社会性消费，就会引起他人的关注和评价。而相对于私人性消费，社会性消费的主要动机是向他人传递个人价值、提升自我形象(Belk，1988)，其重点在于引起他人的关注和评价，常见形式大多表现为高档商品消费，如奢侈消费(Wiedmann et al.，

2009)、炫耀性消费(Amaldoss & Jain, 2005)、面子消费(Liao & Wang, 2009)等。此外，通过社会性消费行为，消费者可以表达对群体规范的维护、满足他人对自己的期望并获得认同感(Baron & Byme, 2004)。

2.2 情理

30 多年间，市场营销学在中国获得了硕果累累的研究成就。在此期间，许多国内学者将西方理论引入对消费者"理性"与"情感"问题的研究中(王怀明，1999)。然而在西方文化视角下，对于"理性"和"感性"的看法与中国文化背景下的"情"和"理"具有截然不同的内核，将两方观点等同而视，使得许多研究流于牵强附会，并且缺乏地域文化和社会意义方面的深度和广度。中国文化情境下的情理，与典型西方式的情感主义与理性主义有着截然不同的内涵。情，在西方文化中主要指代个体的感觉、情绪和欲望等，而在中国则主要是指"人情"而非"己情"，描述的是一个人际交往的范畴。这种作为交往准则的"人情"主要包括三个方面含义：人际交往的价值趋向、积极的情感与礼貌的态度、精神和物质方面对等地互通有无。以关系的亲密程度为基础，对"自己人"采取情理交往方式，有时甚至可以为此忽视法律的制约或灵活运用规则的漏洞。反之，对陌生人则更可能严格地照规章制度来应对。这种里外亲疏的差别对待，是中国的情理思维运用于人际交往方式的直接体现。理，在西方文化中主要是指认知层面的理性，也即逻辑性的、透过现象来认识事物本质的推理能力。而中国文化的"理"则是强调实践方面的理性，这种理性以人情为基础，鼓励家庭成员之间的良性互动，淡化并解决人际差异和纷争，是基于家庭、宗族的伦常之理，追求情与理两者的最佳融合(肖群忠，2003)。

作为一个人口数量居世界首位的国家，中华民族创造过许多人类文明史上的奇迹。在历史更迭的千百年间，人们仅以相对简约的戒律和规则引导复杂而繁复的社会生活，这便是依靠许许多多并不具备法律的威严外表，却潜移默化的"情理"观念。情理是人们的处世原则和对事物合理性的功能判断标准(翟学伟，2004)，是一种融合理性与情感性于一体的和谐精神(徐冰，1999)。这种深入人心的价值观念，使人们自发地建成一套完善的信仰机制，摆脱天性中极端的功利主义和自私心理。这种极具中国特色的情理规范，对社会经济与民众生活的安定和谐发挥着不可或缺的作用。因此，无论从国家的宏观层面还是企业个体的管理实践来讲，这种根植于中国文化的社会规范都具有重要的借鉴意义(范忠信等，1992)。中国是情理社会，因而情理在中国具有普适意义。同时，情理又偏重于主观的感受，因而不同个体对情理的理解也具有差异性。本研究中的“情”与“理”之间是辩证统一，而非二元对立的关系。“情”原本从属自然性，指人们天然和自发的感情，具有其特殊性。而“理”本指自然规则与规律，即应遵从的法则，理具有普遍性。原本对立的关系，在儒家文化“礼”(克己复礼)的作用下逐渐融合成为“情理”，体现了中国社会不做二元化对立的划分，以期待为人处世时两者兼顾和都不偏废。这说明，忽视“情理”在国人心目中的重要性，将其放置于次要研究地位的做法，不符合国情民意，更不利于我国营销领域相关理论内涵的研究和拓展(周南等，2012)。

2.2.1 情理的定义

中国人语言中所谓的“情理”，往往是指能够“摆得上桌面来讲的日常道理”，是一种看不见摸不着，但却根深蒂固、融入人们日常的生活习惯当中的潜在规律(范忠信等，1992)。中国传统文化中情理观念的形成主要取决于三个因素：物质生活、精神生活和社会组织三者的有机结合。具体而言，首先，生产和物质生活方式建立在自给自足的小农生产制度之上，与之相适应的便是尊卑有序、亲疏有别的家庭式农业生产所形成的观念；中国历代的田亩制度如“井田制”“仓律”“户婚律”等，便体现了典型的小农生产与生活方式；其次，从民众的精神生活角度而言，历史上人文的主流学说教义(如，儒家学说、程朱理学等)在大众心目中占有重要地位。而这种以学说教义为原则的精神生活模式，其根本目的在于建立和维护社会组织秩序。最后，中国的社会组织主要是由国家和家庭两个层次构成，两者密不可分。国家以家庭的宗法制为基础，“国宪”的根本意义也是为维护“家国一体”而立。我国古代的“君父子民”“为子为臣、唯忠唯孝”“移孝作忠”的观念，就是国家层面的政治组织贯穿家庭宗法原则的体现(范忠信等，1992)。

基于上述内容，“情”和“理”所引申出的内涵丰富而深远，对其定义也有多种说法。情，一般被认为是人自然而然的感觉、观念和习惯，更进一步而言，是指与他人进行良好互动并维系彼此之间的关系。由此可见，“情”可以指最基本的具有血缘关系的亲情，也可泛指人际交往中的友情、人情。“情”是人类共有的，是七情之中“弗学而能”的基本情感属性之一。从客观层面上来讲，“情”包含事情、情形等含义；从主观层面上，情更包括感情、心情，以及家族伦理的亲情等含义。董仲舒提出，“情者人之欲也”，认为情是人类天性中自发的欲望。同样地，《左传》里提到，民有“好恶喜怒哀乐”，这些情感皆“生于六气”。而《中庸》里所指的“天命之谓性，率性之谓道”，说明人们的道德观念都源于个体的内在感情(柏桦，2006)。由上述古代名人和典著对“情”的相关阐释可以看出，情是基于人的本性而产生的自然感觉、道德观念和行为习惯，对人们的日常活动具有显著的影响作用。

理，从广泛意义上来讲是由人们根据历史生活经验积累而成并墨守成规的守则，主要强调的是公平互惠原则。对于“理”的理解，一般认为有天理、公道等许多不同的内涵。“理”即人们在社会生活中所遵循的一般原则和普遍规律；公理指人们所推崇的行为规范、普遍认同的社会公共准则、符合公众利益的行事原则，如风俗习惯与文化传统等。戴震在《孟子字义疏注》里指出，“理也者，情之不爽失也；未有情不得而理得者也”。这说明，情理是相互统一的。一方面，理蕴含在人情之中，除去人情则无天理可言。另一方面，天理只是用来节制情感产生的负面影响，而并非将其泯灭(柏桦，2006)。

中国式“情理”具有普适性，有的学者将“情理”中的“情”分为四个层次的内涵，而将“理”分为事物之理和伦常之理。具体而言，“情”，第一，是指具有普遍意义的感情，而非个体的特殊感受；第二，性情，是基于人的功利性作出的推论，往往被视为“当然之理”；第三，人情世故，是通过日常所见的事情或事理作出判断，并得出具有普适性的内在逻辑；第四，案情，包括具体情况和情节，用以表示事实。“理”，是指广义上的事理。事物之“理”，是指具有普遍性、日常的道理。有的事理尽管不具备严格意义上的法制约束力，但由于其作为劳动人民日常积累的生活智慧，是社会经验所衍生的朴素逻辑，因此也常常被作为明辨是非的依据；此外，作为伦理的“理”，首先是儒家道德理念的体现，具体是指基于血缘或婚姻而生成的亲属连接；其次，“理”还具有规则意味，阐明长幼尊卑、内外亲疏应有的行为规范(汪雄涛，2010)。这种潜移默化的行为准则源自

“情”，两者相结合而成为人们日常行为和经济生活中完整的行为指导方针和价值判断。

由此可见，情理既涵盖了宏观层面的国家律法、道德观念、民间习俗等抽象意义，又包含微观层面事物的内在发展逻辑、与民众文化相适应的道德规范，以及人们对待生活的态度和价值取向，乃至描述具体事件的用词和行文逻辑等(胡克明，2012)。情理不能简单地被概括为天理和人情，“理”与“情”两者之间在许多方面是相互重合、融会贯通的。因此，将“情”与“理”合之而为“情理”，其底蕴则更为深厚而富有多元化价值。综上所述，可以将情理的内涵归纳如下：首先，情理是人与人的情感结构，即彼此共通的感情状态，是“人同此心，心同此理”这样由情而至理的推断；其次，情理代表了社会主体的行为规范，这种规范主要用于维护和谐的群体社会秩序；再次，情理体现了社会的客观情况，是个体针对内外环境进行协调和控制的依据；最后，情理预示了事物运动规律的本质，是根据历史经验和事物走向对事实作出的趋势演绎。

国人这种将“情”与“理”融会贯通于生活当中的智慧，被日本著名的中国法史学者滋贺秀三称为一种“平衡的感觉”(邓勇，2004)。由此可见，情理并非一种客观尺度，而是一种主观上的分寸感。社会大众对于社会性消费的关注与评价，充分体现了情理规范的影响作用。中国情理文化中提倡“德行”思想，如“厚德载物”“德不配位”，表明个人的“德”应与其消费对象“物”保持匹配，而且这种情理思维更强调人的因素。一般而言，“德”是指人们通过善言善行而获得的美誉。在个人与商品保持匹配的情境下，消费才有利于形象提升；反之，如果消费行为违反了社会情理规范，便难以获得他人认同，从而成为“越位”消费(Marques et al.，1998；王静，2007)。

2.2.2 情理的类型

根据已有研究关于情理的定义，其大致可以分为两类。在法史学研究中，情理被定义为常识性的正义衡平感(汪雄涛，2009)，并作为法律调解的规则来源；而在社会学研究中，情理被认为是民俗习惯和礼俗所认定的“是”与“非”，具有社会规范的作用(宋高初，2010)。不同学科都体现出了情理的价值判断功能，结合上文分析及社会性消费的评价问题，本研究认为，情理是儒家“礼”仪文化基础上的行为准则。此外，尽管由于合情合理是一个标准的两个方面，导致“情”与“理”在某种程度上出现对立，如“私情”相对于“公理”，但由于这一点并不切合本书的研究内容，因此不做展开论述。

2.2.2.1　法史学对情理的研究

自古以来，人们对“法”的研究一直与“情理”的内容紧密相连。在中国，民众认为法即天理。所谓“无法无天”便隐含着“无法无天理”的意思，藐视法律即藐视天理。对天下最权威而神圣的道理都不敬畏，就是“冒天下之大不韪”。唐代颜师古曾言：“理，法也”，同时提出“言以法律处正其罪”。我国这种“法即天理”的观点，近似于西方的自然法观点。两者都认为，世上有一种不以个体的意志为转移的客观真理与公道，这种客观性便是法的依据。尽管如此，与西方社会撇开现有的法律制度，孜孜不倦地探索、发掘和描述“自然法”的内容不同，中国人很少将“天理”(中国式的自然法)与现实的法度和礼制脱离开来。古罗马法学家提出了有关“自然法”的三句格言，其核心内容是“正直生活”“不害他人”“各得其所”，而中国人所推崇的“天理”，其核心内容则是伦理纲常，两种文化对社会大众所产生的差异性影响由此可见一斑。

但事实上大量的“情理”存于“法”之外，且比法律更具有原始性和根本性。自古以来，我国律法对待民间纠纷就有着多元诉讼标准。这种多元化的诉讼标准基于“一以贯之”的伦常(如三纲五常)，是古代法官裁决的重要依据。一般而言，诉讼章程依照如下顺序：首先，如果法律条文能够完全切合伦常，则直接依法办事；其次，如若不能符合伦常，则退而转依“理”或“礼”；最后，如果依法依礼皆不如人愿，则应更倾向于依“情”。这里值得一提的是，虽然“情”与“理”“礼”的内涵大相径庭，但是从“令顺民心”“法不外乎人情”的共识来看，“伦理”也源于“人情”。因而“情”“理”两者虽不可等同而视，却是本同末离的关系(柏华，2006)。

长久以来，国人心目中最理想的社会法制结构是“天理”“国法”与“人情”三者相互融合而成一体。其中“情”与“理”是虽不成文却被用以维护伦常秩序的潜在社会规范，而严格意义上的“法”(刑罚条律)则被认为是管理者不得已而采取的、最为消极的管制措施。千百年来，儒家学说的“礼”“理”“情”等的观念不断渗透到法律之中，在司法活动中甚至被直接引用。这种做法，被称为“法上之法”(“礼”“理”)，“法外之法”(伦常之“情”、人之常“情”)。立法不强众人之所难、不低于众人之所易，才算是合乎人情。如果以少数圣人贤者才能达到的行事原则来作为立法的水准并拿来强求普通民众，或反其道而行之，就是“不合人情”的表现。由此可见，情理法三者息息相关，情与法兼顾，便是对“天理人情”的两相成全(霍存福，2008)。

综上，可以看出情理法三者相互作用，对我国最基本的人伦秩序和社会规范的形成有着深远的影响。《春秋》道：“上本天道，中用王法，而下理人情。”在这里，天道是注入太阳、月亮等自然万物，王法则是与奖惩有关的制度规范，而人情是尊卑、亲疏的伦常之道。有的学者指出，“国家应当贵法、崇理、尊重人情”，但同时又指出，如果太过注重这三者，又会导致“人心背离”的后果。也就是说，首先，国家应当崇尚法治，但是如果矫枉过正，则会导致人心涣散；其次，国家应该坚持对法理的追求，但是如果把法理居于最上端，则又会导致人心背离；最后，如果太重视人情，则会导致人心变得粗俗而浅陋。这也从侧面说明了，无论是在国家管理层面还是在个体人际关系的处理上，情、理、法三者之间的关系都是非常微妙而又难以权衡的(柏桦等，2006)。

2.2.2.2 社会学对情理的研究

在社会学的相关研究中，情理被认为是民俗与礼制中所认定的“是非”，是儒家“礼”仪文化基础上的行为准则，起到规范社会秩序的作用(宋高初，2010)。在儒家思想中，“礼”被认为是“以情化理”的产物，礼与情理之间的内涵往往互相渗透。古人认为，“礼”涉及社会法律、道德规范、宗教经义、民间习俗等。“礼”包括抽象、具体的双重内涵。具体而言，抽象意义上的“礼”作为各种规范制度、礼仪设置之理，是指抽象的原则、原理、准则，即如春秋时郑国执政子产所说的“夫礼，天之经也，地之义也，民之行也。天地之经，而民实则之”，在他看来，“天经地义”的内容就是伦常关系中各人的“本分”和“义务”；而具体层面的“礼”，则是指对人们日常言谈举止的具体礼仪及规范的直接规定，如三纲五常中所提出的“君臣、父子、夫妇”之三纲，以及“仁义礼智”的五常之道等。

从儒家思想汇编《礼记·曲礼》所提出的“分争辨讼，非礼不决”可以看出，我国的社会规范居于精神原则性的伦常之下。这一点从《明伦汇编交谊典忿争部》这本记录了古人有关依礼决讼的观点的书中也可看出。该书提到，“理有可否则争，情有曲直则论，惟礼为能决之，盖分争者，合于礼则可，不合于礼则不可，有礼则直，无礼则不直，故曰非礼不决”。由此可见，“礼”的宗旨体现了对“合情合理”的诉求，更是核定众人合法权益的传统原则之一。孔子认为，“名不正，则言不顺”，言不顺则难以成事，从而导致“礼乐不兴”，最终造成“刑罚不中”的后果。在这里，“正名”的具体内容就是指身份、地位不同的人应该遵从社会既有规范，做自己该做的、得自己应得的，不能觊觎他人所拥有的，更不能僭越犯上。这也充分阐明了“名分”的内涵，“名”即是指身份、地位的名称，而“分”则是指依据自己的名称个人所应履行的义务和享有的权利（范忠信等，1992）。

2.2.3　情理的影响作用

2.2.3.1　“情”与“理”的影响

古时候，人们将那种人格高尚、意志坚强、善于发号施令、制定法律典藏的圣者、智者尊为“天”，将事物发展规律逐步抽象演化为具有哲学意义的“理”，两者最终形成一种至高无上的原则与公道，即“理”或“天理”。法之于个人，正如天理对于整个人类社会。南宋理学家朱熹曾提出，法是“天下之理”，同时进一步阐明礼是“天理之节文，人事之仪则”。在这里，“礼”就是指章法，法即是“理”的体现形式之一。汉人董仲舒说的“王道之三纲，可求于天”，而代表“三纲”的君臣、父子、夫妇的内涵，便取决于“阴阳之道”，这里“阴阳之道”也就是“天理”，天下万民皆应遵循由此逻辑而推演出来的一切“道理”。因此，理作为一种客观的运作规则，具有不可进行人为的改变，也不能反抗的自然规律性（翟学伟，2004）。相较而言，理是具体的，而情是抽象的。理主导着情，是对情感的约束和规范，敦促人们把握自己的行为举止于合理限度之内。反过来，情也是衡量理的重要参照内容，因为情感的因素往往也内化在“理”的规则之中（胡克明，2012）。理既包含自然秩序的统理，也包括社会秩序的治理。简单来说就是天理、道理。理之于个体的重要性，体现在人们相互之间由友好关系而产生相互支持与认同，并据此所确立的规则。这种规则对社会关系所衍生的权利和义务具有指示作用(刘筱文，2003)。

所谓“人情”或“情”，并没有确定的内容。不同地方、不同时代、不同的人所理解的“人情”各不相同。因而何谓“人情”，需因人因时而异。从时间上来讲，20世纪的“人情”和21世纪的“人情”不可同日而语；从不同立场来说，法律界的革新派所理解的“人情”和保守派所阐述的“人情”也有天壤之别。“法不外乎人情”这个命题的出发点，不仅在于对立法或对法的内涵要求，而且在于对司法程序作出干预，体现了情对道德约束的调节作用。这要求管理者在司法活动中做到兼顾法律与人情，如果两者出现矛盾而致不可调和之境，则应取情而舍法，这也体现了“人情大于王法”的民众共识。尽管如此，倘若一味追求人情、受到感情的蒙蔽，那人们作出的判断即便合情，也易沦于不合理之境。著名的法学家谢觉哉认为，只有经过洗练，情才能升华为理，达到合情合理的境界。这一点反映了情理之间的关系本质，即在逻辑上，合情与合理正推未必可行，反推则可成立(霍存福，2008)。合乎情的未必合理，这个说法是由“情”的多重组成因素造成的。首先，从个体的角度出发，情具有自我、孤立的特征，这种“私情”具有对等性和相互性的要求，例如父母对子女的抚养、后辈对长辈的赡养这样的亲情，以及互相关照、互助互谅的友情等。其次，人们寄予情感的对象通常是相对固定、不具备可选择性的，如兄弟姐妹这样的亲属关系。此外，人们的交际范围也受到地域、年龄、职业等因素的限制，具有固定群体的特点。最后，情的出发点各不相同、表现方式也具有多样性，呈现诸如信赖、期望、喜爱等具有倾向性的因素。因而如果一味地顾及此情，则可能有失偏颇，作出与“理”偏离甚远的判断。因此，“情受障蔽则合情不合理”，便是上述的孤立性、群体性和情感性所致。由此可见，脱离“理”来谈“情”，显然并不可取。

2.2.3.2 情理对社会规范与大众评价体系的影响

儒家“礼”中关于物质消费的规范构成社会性消费情理的评价内容，在中国传统文化环境下影响广泛。儒家倡导的礼本质上是“差序格局”，由于地位、身份的差异分别对应不同的行为准则。如关于乘车规范，《明史·志·卷四十一》记载的百官乘车之制对车和轿子所用的车饰、车型、颜色、绣带、青缦等作出详细规定；《宋史·舆服志》对官员的服饰色彩也作出明确规定。从王公贵族到庶民百姓，从庭院房子到餐桌礼仪，无不充满着老幼尊卑的情理规范。礼的差序格局，体现了中国人物质消费的情理。这种情理在本质上是人和物的匹配性，强调“衣、食、住、行”要与身份保持一致，也即物质需遵从身份，不提倡越位消费。不仅如此，在物质与人的主体关系中进一步强调“君子以厚德载物”(《周易·坤》)，希望人们能够德物一致。社会性消费情理不仅是我们评价他人消费行为合理性的参照标准，也是个人日常生活的消费指南。如职场中，人们将超越部门领导的消费称为“越位消费”(张志华，2011)，自己会有意识避免，同时对类似情况也会加以抵制。

从以上论述可以看出，人们的日常行为受到情理社会规范的引导和约束作用。在品牌价值的实现中，情理对于企业营销实践的指导作用不可忽视。国人在消费时注重“礼”，表现为人们在送礼时对“面子”“体面”的讲究，不仅自己的面子不可丢，同时也要给足对方面子。此外，同样是商品消费，评价结果却因人而异，这一点也恰好符合消费情理的评判模式——说明了即便消费者有购买能力，也并不一定能为其带来好的情理归因。提升自我形象，是消费者购买品牌的重要动机，也体现了品牌符号价值的基本功能。那么，社会性消费如何能够提升消费者自身的形象？对品牌而言，非目标顾客群对本品牌的消费会否降低品牌价值和稀缺性甚至对品牌长期发展造成损害？为消费者提供价值，是企业品牌营销的基础，然而在社会化媒体时代产品的符号价值在消费者购买后能否实现？能否帮助消费者提升形象？本书对情理的探索将为这些问题提供新的研究思路。

2.3　品牌形象

消费者为何需要品牌？简而言之，品牌具有象征价值(symbolic value)，消费者可以通过品牌表达身份(identity)，也可以通过品牌来推断其使用者的身份(Belk，1988；Kleine et al.，1995；Levy，1959)。现有关于品牌形象的研究，主要揭示了品牌形象与消费者自我概念的关系，品牌如何成为消费者自我的一部分，以及如何满足消费者身份需求的内涵(Escalas and Bettman，2003；Fournier，1998)。然而品牌群体对于品牌价值的作用，也是不容小觑却又少有文献涉猎的研究领域。使用群体具有共同的价值观、习惯、特征，使得品牌的价值得以稳固和延伸，并由此产生“我们”与“他们”的区别(Fournier and Lee, 2009; Muniz and O'Guinn, 2001; Muniz and Schau, 2005)。这种鲜明的使用群体一旦出现“错位”，会对品牌产生何种影响，企业对此有何应对策略，正是亟待挖掘的品牌管理实践内涵。

2.3.1 品牌形象的定义

形象，是指各种感觉器官在大脑中形成的关于某种事物的整体印象，是各种感觉即视觉、听觉、触觉、味觉等的再现，统称为“知觉”。值得强调的是，这里的“形象”不是指代事物本身，而是表示人们对事物的感知，不同个体对同一事物所感知到的内容必然不尽相同，因此这种感知的正确性受到人的意识、记忆和认知过程的显著影响。此外，人的意识的主观能动性，决定了人们头脑中形成的对事物的整体印象，将会对其行为产生不同的效用。品牌形象(brand image)的概念，最早是由大卫·奥格威于20世纪50年代基于品牌传播的角度提出，他指出了企业进行品牌形象管理的重要性。此后，品牌形象作为营销领域的重要内容，不断地被深入探索和研究。随着时间的推移，品牌形象的相关研究被划分为以下几个主要学派。

首先，“整体学说”流派认为，品牌形象是指人们对品牌的感知总和，这种整体印象建立在产品特征、广告宣传等营销活动之上，是一种抽象概念的整体内涵(Newman, 1957; Herzog, 1963; Dichter, 1985; Aaker & Biel, 1993)。由这一定义可知，即使品牌形象与基于消费者感知的印象不尽相同，后者也比品牌的实际情况重要得多。其次，品牌形象的“象征意义学派”认为，品牌形象表达的象征意义，有助于消费者区分品牌竞争者。同时，品牌的象征意义能够帮助消费者强化其自我认知(Sommers, 1963; Levy, 1958, 1973; Durgee & Stuart, 1987; Noth, 1988)。再次品牌形象的“个性说学派”认为，品牌形象具有显著的拟人化个性特征，并由此衍生出品牌形象个性特征、品牌形象与消费者自我概念的关系两个理论构念(Bettinger, 1979; Sirgy, 1985)。最后，品牌形象的“认知心理说”流派从品牌形象形成的角度提出，品牌形象是消费者对品牌所持有的看法、情感和态度的组合所形成的认知和感受，体现产品社会性和心理性的本质(Gardner & Levy,

1955；Bullmore，1984）。综合以上学说的观点，我们认为，品牌形象，是指品牌在市场竞争中给消费者带来的差异化感知和联想的集合，其形成源于品牌向消费者传播的信息内容和消费者对此产生的联想。作为品牌的根基，企业对品牌形象的塑造工程必须加以重视。

根据已有研究，可将品牌形象的特点归纳为四个方面。首先，品牌形象的内核是多维度的组合。这代表着品牌形象的核心和内在底蕴是品牌文化、品牌个性等，而反过来，品牌形象也必须依托于外在的表现形式作用于消费者。其次，品牌形象具有一定的稳定性。只有能够满足消费者喜好和消费习惯的产品品质和优质服务，才能保持品牌形象的长期稳定。再次，品牌形象具有独特性。这种独特性是品牌相对于竞争对手而产生的，它能够激发消费者进行差异化的品牌联想。最后，品牌形象具有发展性。企业在塑造品牌形象的同时，必须不断地顺应消费者需求的变化，兼顾市场、消费者以及竞争对手而做出相应调整。因此，企业的品牌管理是一个长期的动态过程，品牌形象必须随着时间的变化不断地自我丰富与发展(黄静，2015)。

2.3.2　品牌形象的内容

品牌形象的内容主要包括以下几个方面：第一，品牌形象内涵，即企业的品牌定位、品牌文化、品牌个性等品牌要素；第二，品牌形象载体，包括品牌产品提供者、使用者等实体；第三，品牌形象符号，包括品牌的名称标识和包装设计等。也即是说，品牌形象主要是由企业形象、产品形象、使用者形象三者构成。具体而言，企业形象包括与企业相关的信息和企业产品使用的经验，主要包括企业的成长史、创始人、规模和实力等；产品形象是指产品能够给消费者提供的使用利益，包括产品的价格和外观等；使用者形象是指产品使用者的个性、价值观和生活方式等(Biel，1992)。

品牌形象体现了消费者对品牌的感知，由消费者抽象的品牌联想反映出来，是属于企业的无形资产范畴。从这个意义上来说，品牌形象在一定程度上表现了企业试图满足消费者的心理期望和社会需求的方式(Keller，2001)。据此，科勒建立了品牌形象测评模型，将消费者的品牌联想分为产品属性、消费利益、品牌态度三个部分。首先，产品属性是指消费者所了解的产品或服务的描述性特征，分为产品相关和非产品相关两种，前者涉及产品的物质组成或服务的必备条件，后者主要是指与产品或服务相关的外部特征。其次，消费利益是消费者认为产品或者服务能够提供的好处和功能，分为功能性、象征性和体验性三种，通常与产品属性相关(Park，1986)。最后，品牌态度则指的是消费者对于品牌持有的总体看法和评价。

根据科勒的品牌形象测评模型，品牌联想具有三个主要特征，它们分别为品牌联想的强度(strength)、喜好度(favorability)和独特性(uniqueness)。在这里，品牌联想的强度是品牌辨识度和认同感的指向标；品牌联想的独特性指品牌与竞争对手的差异程度；而品牌联想的喜好度，则是品牌在消费者心目中的价值和重要性的体现(Keller，2001)。成功的品牌形象管理必须满足以上特征，即消费者对品牌具有强烈的、独特的、喜爱的品牌联想，这也有助于企业创造良好的品牌资产，赢得持久和积极的品牌拥趸。

值得一提的是，对于品牌形象不能只做表征化的认识。首先，品牌形象与其他的品牌因素如企业形象、品牌用户形象、品牌定位和品牌个性等概念息息相关(McAlexander et al.，2003；黄静，2015)。企业形象具有宏观意义，它既指企业的技术、产品及其他的品牌资产，又包括提供品牌产品和服务的分销部门、广告代理等渠道商给消费者带来的整体认知。其次，品牌用户形象也是品牌形象的重要载体，产品或服务的使用者能够体现企业的品牌形象，而这种观感对其他消费者感知品牌形象有着暗示作用和移情效应。再者，品牌定位是品牌形象塑造的奠基石，它指出了品牌形象的设计与传播的方向，成功的品牌定位有助于塑造独一无二的品牌形象。最后，品牌个性也与品牌形象高度相关，它反映了品牌形象中人性化的一面。品牌个性是把品牌视为人，由此表现出人的性格和气质；品牌形象以上述几个方面为依托，企业唯有对品牌形象的内涵及其载体进行综合提炼，才能凝聚成鲜明、独特并且具有一致性的品牌形象。

品牌形象传播的基本内容是品牌形象的符号所组成的整体，这也是品牌形象的外在表现形式，会给消费者带来最直接的影响。品牌形象符号系统包括语言和非语言符号系统。具体而言，主要包括品牌名称、品牌语言、品牌标识和品牌包装。品牌名称即品牌的名称，是消费者区分品牌与竞争者品牌的重要标志。品牌语言一般体现在品牌广告语中，对消费者具有一定的煽动力，能够强化品牌形象。品牌标识能够对消费者的视觉识别产生重要影响，同时体现了品牌理念与文化。富有创造力的品牌标识设计或鲜明的色调运用能够吸引眼球，也可以促进消费者对品牌的积极印象。品牌包装体现了品牌形象符号系统的所有元素，不仅包括承载产品或服务的容器或包扎物，还有产品的展台、运输包装、活动包装等。良好的品牌包装，有助于品牌形象工程的确立和传播(黄静，2015)。

2.3.3 品牌形象的作用

以往针对品牌形象对消费者影响的研究，主要是从消费者购买意向、品牌满意度、品牌信任、品牌购买决策，以及购后评价等环节来展开。首先，品牌形象在消费者对品牌的认知中处于重要地位，这体现为消费者在进行品牌选择的过程中，会率先考虑到该品牌形象的优劣。因此在一定程度上，品牌形象会对消费者的购买决策造成影响。此外已有研究证实，品牌形象对消费者满意具有直接影响，品牌形象是顾客满意的直接前置因素，并进而影响顾客忠诚(Andreassen 1998；Bloemer 1998)。其次，品牌形象有助于消费者建立品牌信任。消费者在面对购买风险时对品牌萌生的依赖，以及相信品牌能够为其带来积极结果的期望，是品牌信任的主要内涵(Lau et al.，1999)。有的学者从市场竞争角度出发，提出品牌信任是指消费者在面临众多品牌选择时，始终对某一品牌保持坚定信心的态度。具体而言，是对该品牌的问题解决能力、善意和诚信度的信心(Sung，2010)。由于信任是一种消费者与品牌共有关系的结果，属于正面情感范畴，由此也可推论，品牌形象对建立积极的品牌情感具有正面影响。这种正面的品牌情感，有助于消费者建立对品牌的承诺，从而促使消费者忽略竞争品牌的产品(Chaudhuri et al.，2001)，并且能够对消费者购买该品牌的频率作出良好的预判(Thomson et al.，2005)。

由此可见，品牌形象对消费者的影响是品牌内涵与外在表现的综合作用结果，正面的品牌形象可以给消费者带来积极的影响。首先，消费者通过品牌形象的直观内容(如品牌标识、包装等因素)以及相对抽象部分(包括品牌文化、品牌个性等因素)来感受品牌的内涵。许多优秀的品牌之所以能保持屹立不倒，并且长久地保持活力，就是由于品牌内涵与其消费者的需求相符，从而促使消费者形成品牌偏好并建立长期的消费习惯。其次，由于品牌形象具有可延展的特点，随着时间推移和社会环境的变化，品牌形象的内涵也随之不断丰富与发展。因此，品牌既要维护其形象的一致性，又要根据市场环境、消费群体和竞争对手的变化而做出相应调整。品牌形象长期的、动态的发展，是为了顺应消费者需求、提高用户忠诚。最后，品牌形象根植于消费者心目中对品牌的独特认知，具有品牌可识别性和竞争差异。品牌形象的独特性意味着该品牌形象由于某些方面的与众不同，如独特的标识设计、极具创意的广告等，因此易于为消费者所辨识。这种与竞争对手相比而产生的独特性，有利于激发消费者独特的品牌联想，从而使其被消费者接受与认同，提升顾客的满意度(黄静，2015)。

2.3.4 品牌形象的管理策略

品牌形象的塑造需要遵守相应的原则，并立足于品牌内在的价值内涵。品牌形象必须立足于品牌能够带给消费者的利益点，围绕品牌的核心价值来塑造形象，才能在打造品牌形象的过程中起到事半功倍的效果。品牌形象的建立应当以消费者的心理特点为基础，而且需要发挥创造性的艺术思维。实践表明，独特的品牌形象，更易于启动消费者的品牌联想。此外，在建立品牌形象的过程中，企业应注意维持品牌形象的连贯性，品牌形象塑造策略组合应该相互呼应，根据品牌定位打造出鲜明的品牌形象。品牌形象的塑造可以从以下六个方面进行。

第一，对消费者需求进行基础性研究。根据现代营销理论中以顾客为导向的决策出发点研究消费者对品牌产品的理解和期望，有利于品牌形象的塑造和为企业长远发展做铺垫。事实上，这一步骤往往在品牌定位与品牌个性形成之初已经完成。

第二，提炼品牌文化和个性。根据品牌形象的综合性特点，有效连接目标消费者的需求与品牌形象内涵，从而形成品牌的基本功能点与情感利益点，为保持品牌形象的长久生命力打下坚实基础。

第三，选择与品牌形象相适应的载体，包括产品和服务的提供者和使用者等。通过提供正确反映品牌内涵的产品与服务来达到满足消费者需求的目的。与此同时，品牌使用者的示范效应有助于扩大品牌的目标客户群体。

第四，通过品牌形象符号设计恰如其分地传达品牌的名称、标识和包装等设计理念。作为品牌形象符号系统的综合体现，这些设计环节应当遵循美观环保、突出品牌个性的原则，以此加强品牌形象的辨识度。

第五，品牌形象整合传播，有助于打造一个清晰的品牌整体印象。手段包括公共宣传、多媒体广告等整合传播。品牌形象宣传策划的关键，在于将广告创意与品牌的核心利益与价值联系起来。此外，借助广告来进行整合传播，并将任何可能与消费者直接接触的“点”，如产品和服务、员工以及品牌宣传策划活动组合起来，进行协同一致的整合传播。通过多种渠道，达到对品牌形象进行广泛传播的效果。

第六，维护品牌形象动态发展，是指根据市场趋势和顾客需求的转变对企业品牌形象进行匹配和调适。通过深化品牌内涵或者打造全新的品牌形象来获得消费者喜爱，达到传承品牌形象中的有益元素、摒弃不良的品牌刻板印象、挖掘更新品牌的核心价值、为消费者带来新鲜感、维系情感和增加品牌忠诚度等目的（Jamal & Goode，2001；Parker，2009；黄静，2015；王燕玲，2006）。

综上，品牌策略管理首先应当通过塑造独特的品牌形象来完成。在企业进行品牌推广时，企业与产品的声誉和形象往往比产品本身更为重要。品牌形象策略研究表明，品牌形象必须经历一个长期投资的过程。良好的品牌形象能够在消费者群体中达到“闻其声知其人”的效果，反之，当消费者看到产品时会立刻产生品牌联想，品牌形象便由此确立。由此可见，品牌形象是一项长期而久远的工程，其最终目的是在消费者脑海中形成深刻而美好的印象。而品牌形象的确立，能够更深入地为企业赢得市场、为品牌创立丰厚的无形资产。

2.4　品牌用户形象

营销学界主流对品牌形象的研究结论表明，如果消费者对品牌的形象持正面态度，那么他们将在脑海中与品牌建立强烈、喜好和排他的品牌联想（Keller，1998）。对于消费者来说，品牌形象可以建立在与其产品或服务直接接触的基础上，也可通过品牌宣传来进行传播，或者是通过观察什么类型的群体在什么场合下的品牌使用行为来获知（Patterson，1999）。进一步而言，品牌使用者的价值观与个人特质皆可由其使用的品牌反映出来。消费者可以通过对品牌的选择来表达自己试图被外界如何看待以及自己想要成为什么样的人（Keller，1998）。从本质上来说，品牌形象是一种主观感知，是消费者对品牌产品或服务的功能性和非功能性特征的心理表征。而这种针对品牌的主观感知，主要是由品牌的象征价值和使用者形象构成(Parker，2009)。

2.4.1 品牌用户形象的定义

从内容构成的角度出发，品牌形象由企业形象、产品形象、使用者形象三个子部分组合而成(Biel，1986)。其中，使用者形象是指品牌消费者的个性、价值观、生活习惯和人口统计特征等。已有研究又将品牌形象的三个子维度划分为硬性属性和软性属性两个层面。对于产品形象来说，前者是指品牌有形的部分或产品的功能属性，例如一个相机产品，其硬性特征包括外观、价格、像素等；而软性属性则是指品牌顾客对某一品牌怀有的情感倾向。而对于使用者形象来说，其硬性指标是指消费者的人口统计特征(如年龄、性别、职业等)；软性指标是指消费者的个性特点、社会地位、生活习惯等(江明华等，2003)。软性属性相对于硬性属性更不易被模仿，因此有助于创造持久的品牌差异性，从而形成强势的品牌竞争力。

品牌使用者形象是对品牌使用者的一种"总结式"的刻板认知，是对品牌使用者人性化特征的描述(Sirgy，1982)。参照群体作为品牌消费者的一个缩影，是品牌消费者形象和行为的最直接代表。已有研究证明，参照群体对消费者的购买意向和品牌偏好会产生显著影响。此外，经历了品牌策略研究的不同阶段后，参照群体的概念已成为营销理论体系里的一个重要分析视角。参照群体的研究虽源起于西方发达国家，但是在中国市场环境下更具有特殊性和典型性。因为相较于提倡个人自我(personal self)、注重个体的自由和独立的西方人，东方人更加注重社会自我(social self)、关注"面子"，以及个人与他人的关系，因而也更关注他人对自己的看法。这说明，参照群体的研究在中国文化背景下更具有参考价值，以及丰富的实证研究经验和事实证据(Childers & Rao，1992)，为相关理论创新和研究拓展提供了广阔空间。

此外，由于相关学科对参照群体的界定一直比较笼统，本书对已有文献的梳理主要是针对参照群体对品牌形象的影响进行。据此，本研究对参照群体的阐述主要从以下内容展开：首先，参照群体是在消费情境下对个体产生影响，个体会将自己的行为与该参照群体进行比照，对比内容包括态度、观念、决策和购买行为等；其次，对于个体来说，参照群体既可以是存在于想象当中，也可能是现实存在的；既可是某个具体人物，也可是某个团体，他们与个体的观念和愿景息息相关；最后，参照群体对个体进行购买决策时产生的影响并非偶然，而且这种影响具有显著、关键、持久的特点。

结合营销消费情境，本研究将品牌用户形象定义为他人对消费者个人能力、社会地位、社会贡献等因素构成的感知，其中既包含“德”的因素，也包括“才”的因素。社会大众通过对消费者形象与其消费商品形象的感知和比较，得出有关两者的匹配程度的结论，并导致正面或负面评价态度的产生。具体而言，消费者形象和其消费商品形象的一致性会促进积极评价；反之，若他人对消费者个人形象与其消费商品形象感知不一致，则易导致消极评价。因此，企业必须将引发大众评价的内在机制纳入考量，尽力提高品牌与目标消费者群体两者形象感知的匹配性，从而为企业打造一个良好的品牌形象。

2.4.2 品牌用户形象的内容

品牌使用者形象的研究之所以受到关注，主要是因为社会大众所感知的品牌使用者形象对他们的后续购买行为会产生重大影响(Fishbein，1967；Johnson and Puto，1987)。尽管如此，人们对品牌使用者形象与未来购买行为之间的关系仍然所知甚少。对于企业来说，如何管理品牌形象与品牌消费者行为之间的关系，是一个非常重要而又相当棘手的问题。了解品牌使用行为所反映出来的消费者需求，也有助于企业对品牌定位作出有利调整。已有研究发现，相对于非品牌使用者，品牌消费者更有可能对该品牌持有积极的品牌形象归因(Bird et al.，1970)。因此，如何归类品牌的消费者，如何测量他们的行为对品牌造成的影响，以及如何引导品牌消费者的行为，都是企业面临的重要问题。

目前对于品牌用户形象的测量，主要是基于消费者对整体的自我一致性的评价而得出的结果。已有研究显示，这个过程主要是先通过受试者对某品牌的“典型顾客”(如时尚、经典、男性化、性感等形容词)作出描述，再将该品牌与自我形象作出一致性对比。相关研究的结论表明，对于公众消费品牌，品牌使用者形象与品牌形象保持一致的效果更好；而对于私人消费品牌，打造具有普适性的品牌形象则更为有利。这也说明了对于私人消费品牌，消费者形象的作用并不十分明显(Parker，2009)。

此外，通过以往文献的梳理，并根据品牌使用情况，大体可将品牌用户群体分为三类。第一种是现有品牌使用者，他们在一个月内购买或使用过品牌的产品或服务；第二种是品牌以往使用者，是指一个月之前购买或使用过品牌产品或服务的品牌消费者；第三种是非品牌使用者，他们从未购买以及使用过品牌的产品及服务。值得一提的是，这三种类型的消费者对企业的重要性是同等的。因为前两种品牌使用者并不一定对品牌持有积极评价，甚至还可能是品牌倒戈者。他们之前可能对该品牌只是浅尝辄止的试用(light buyers)，或只是在特殊情形下将该品牌当作替代品(brand alternative)而已。如果他们在使用该品牌之后对其产生消极的、拒绝的态度，那么这两类消费者将比第三类“从未使用者”更不可能在未来购买或使用该品牌(Bird et al.，1970)。因而对企业来说，深入挖掘这三种品牌消费者的行为特征将有利于企业寻找、匹配和鼓励更为合适的品牌使用者及其品牌使用行为。

尽管如此，在通常情况下，品牌的使用者要比非使用者作出的评价更为正面。经典的营销理论指出，这一现象是由于品牌使用者对该品牌持有积极信念(Fishbein，1967)。有学者进一步提出，消费者关于品牌形象的感知是在品牌产品或服务的使用之后而非使用之前产生的。在这种情形下，人们如何看待和解析品牌使用者行为，是一个影响品牌形象感知的要素。因此，品牌用户形象，包括其自身形象和品牌使用的行为习惯，是形成品牌形象的关键因素之一。而这方面的研究空白，揭示了品牌形象研究者还未找到人们对品牌的感知与其未来购买行为之间存在确切联系的原因。所以，对品牌消费者的研究，包括已有使用者对品牌的拒绝缘由、不良的消费者使用行为造成的品牌稀释、消极品牌形象感知造成的负面影响等内容，都是营销学者和企业针对品牌形象和消费者形象的管理所面临的重要任务。

2.4.3 品牌用户形象对品牌形象的影响

已有研究多数从品牌形象对消费者的影响角度出发(Fishbein，1967；Johnson & Puto，1987)，而甚少探讨品牌使用者行为对品牌形象的反作用。消费者个性及行为变化多端而难以捉摸，给品牌消费者的管理工作带来很大难度，学界也鲜少进行相关方面的系统研究。贝尔(Biel，1992)的品牌形象模型将品牌形象分为企业形象、产品形象和使用者形象三个子维度。由于企业形象和产品形象都在企业塑造品牌形象的可控制范围之内，其主体归属于企业内部，因此对于这两者而言企业皆具有主动权。但使用者形象则不然，企业既不能限制其产品和服务被哪些顾客群体所消费，更无法控制其后续的使用行为，因此无论在营销理论还是企业实践方面，消费者形象一直都被认为是难以驾驭和管理的。从企业的角度来说，招募符合品牌形象的明星或名人来为品牌代言，策划相关的品牌公关活动等，确实能够使品牌形象得到提升。但是一般而言，大众主要还是通过品牌的使用者形象，例如该品牌消费者的价值观和生活方式，来评判该品牌所属的群体特征，并以此作为后续品牌购买的参照标准。

正面的使用群体给品牌带来积极的参照效应，引领品牌成为人们认同、向往的购买目标；而负面群体则会对品牌形象造成贬损，给人们对品牌定位的目标消费群造成混乱，最终使得品牌尽失人心。负面群体造成品牌稀释，主要是通过两种情况产生影响。首先，是非品牌目标群体与品牌产生关联，给大众造成不良的品牌联想，如近年来广泛为媒体所报道的“煤老板”“暴发户”与宝马车相关的负面新闻，对宝马公司的品牌形象造成不可估量的耗损；其次，是品牌定位失误造成的品牌目标使用群偏移。在这种情况下，品牌使用者大多是社会的边缘或负面群体，对品牌形象的提升造成极大困难。例如，早期的百事可乐由于定价较低而以黑人消费者居多，在当时被称为“黑人可乐”，这种叫法在种族歧视尤盛的年代是极不利于品牌形象长期发展的。

品牌参照群体的概念涵盖了群体内(内部成员)和群体外(渴望加入者、疏离者和中立者)两部分。以往研究主要注重正面参照群体的态度和行为对其他消费者的影响，指出人们更愿意与这些群体产生联系(White & Dahl，2006)。然而事实上，消费者更容易受到其群体内部成员的影响(Bearden & Etzel，1982；Moschis，1976；Whittler and Spira，2002)，也更愿意去模仿他们的行为(Escalas & Bettman 2003；Sen，Gurhan-Canli and Morwitz 2001)。除此之外，在上述这几类群体当中，企业管理者最不愿面对也最难以扭转的情况便是品牌疏离者。因此，在品牌形象的塑造过程中，管理人员应当注意防止消费者不愿与之产生联系的品牌联想。例如，美国婴儿潮时期出生的消费者会竭力避免使用与“年长”有关的品牌产品，男性会远离让他们显得女性化的穿着，而青少年则会撇开让他们显得土里土气、不够“酷”的服饰(White & Dahl，2007)。因此，注重品牌使用者形象对品牌产生的反作用，如何隔离消费者不愿与之产生关联或者容易造成身份模糊的品牌参照群体(Englis & Solomon，1995)，是营销理论和企业管理实践的重要命题。

2.4.4　品牌用户形象的应对策略

品牌使用者是品牌形象的重要组成因素，企业应当依照品牌成长规律制定行之有效的品牌管理策略。例如，培养优质的用户群并鼓励其作出正面的品牌使用行为，而审慎对待负面品牌使用群体。要避免后者造成的品牌稀释，以及品牌定位被其模糊甚至低俗化，企业就必须作出积极规划和引导。当负面的使用群体对品牌造成损害时，一般可以采取以下三种应对措施。

首先，企业可以尝试对造成品牌负面影响的参照群进行隔离(dissociative reference group)。例如，阿玛尼公司曾为维护品牌形象而对前火箭队的主教练范甘迪进行价值不菲的补偿，只要他不再穿着该品牌的服饰。因为这位公众人物形象不佳，却又整天穿着一套完全走形的“阿玛尼”西装而受到许多NBA电视观众的诟病。在B可乐屡获殊荣的一支广告中，同时播出了兄弟朋友在聚会时饮用B可乐和疗养院病人饮用K可乐的场面。在这个广告宣传中，B可乐将自我隔离到消费者不愿被联系在一起的群体——疗养院患者之外，而将竞争对手置于负面参照群之中(White & Dahl，2007)。

其次，是对品牌定位进行刷新与升级。当品牌的使用者群体已经偏离了品牌自身的定位，从而导致品牌形象不断下降时，就不能只是简单地进行隔离，而是应当从根本上对品牌形象进行调整。当百事可乐被称为“黑人可乐”之后，百事重新对品牌定位进行规划，先是借第二次世界大战之机将品牌推广为“大兵的可乐”，随后又趁美国战后婴儿潮的时机打出“百事新一代”的旗号，在一系列的广告运动中将自己誉为“新一代的选择”，而又暗示竞争对手是老一辈的饮品，最终为百事可乐树立了大受欢迎的品牌形象。

最后，企业可以通过适时营造品牌联想来引导和完善品牌形象的参照群体。

目前，有的企业通过制定会员制度，建立会员俱乐部等方式来进行有效的品牌使用者管理。会员制度相对于松散的顾客群体，其使品牌的影响力更为深远，同时也为企业建立了更为官方而正统的品牌参照群。由于会员制管理成本较高，因此目前主要是一些高端品牌采取这种管理模式。典型的例子有保时捷的“POC 俱乐部”、移动公司针对商务人士推出的“全球通 VIP 俱乐部”等。此外，对于大众品牌而言，通过提炼消费者群体的共同特征来打造“概念群体”，则具有运营成本较低、传播速度较快的优点。例如别克公司为车友建立的“别克汇”，目标定位为年轻时尚人群的动感地带“M-zone”。

第3章　研究一 社会性消费的评价研究

3.1 引言

3.1.1 问题提出

3.1.1.1 消费行为受关注的影响

在当今消费型社会中，消费决策虽然会受外界影响，但通常被认为是私人行为。合乎法律和道德规范约束的前提下，消费者自主决定购买何种商品是其基本权利，应得到他人的认可和尊重。然而一些消费事件却引起了社会大众的热议，如上海车展中的"天价车"、香港的"天价楼盘"、某居民在港"日消费百万元"等事件，大众参与评论这些事件的热情较高。其中令人费解的是，同样消费某商品，有的人消费被认为是代表品位，而有的人消费却被认为是"炫富"。社会大众对他人消费行为的评价为何会因人而异呢？当前这些舆论给当事消费者带来了较大的负面影响，为了避免大众的关注，他们开始转向更加隐秘的海外消费，根据中国新闻网报道，我国每年境外高档品消费是国内的4倍，约为500亿美元，① 这不利于我国高档品行业发展。可见研究社会大众对于这些消费事件的评价机制具有重大的社会和经济意义。

3.1.1.2 消费行为的社会性

社会大众对于他人消费行为的关注和评价，说明了消费行为具有社会属性。

---

① 资料来源：https：//news. qq. com/a/20110609/001466. htm.

一方面，随着消费的升级，越来越多的消费行为开始由功能型消费向符号型、炫耀型消费转变(Amaldoss & Jain，2005)，表现为面子消费、情感消费等，人们希望自己的消费行为能够得到他人的关注和认可(Liao & Wang，2009)。另一方面，社会学也开始关注消费行为的合理性，比如反消费主义和消费主义之争(王宁，2010)，围绕消费的权利和义务两个学派展开了争论，反消费主义学派认为消费者在享受消费权利的同时，也应承担相应义务，反对过度消费，而消费主义学派则强调消费权利自由。由此可见，消费行为的社会属性是在消费者自身追求社会认同和经济发展过程中大众对消费行为外部性影响的关注的背景下产生的必然产物。但是社会大众是如何评价他人消费行为的？为何对相同的消费行为存在截然不同的评价？本书将对他人消费行为的评价机制进行研究。

3.1.2 研究价值

研究社会大众对他人消费行为的评价机制，需要回答三个问题：第一，社会大众会对什么样的消费行为进行关注？第二，社会大众为何会关注和评价他人消费行为？第三，社会大众如何评价他人消费行为？本书借助现有理论对这三个问题进行探索研究。首先根据媒介议程设置理论(McCombs & Shaw，1972)对消费事件报道中社会大众的关注点进行归纳总结，由此了解大众会关注哪类消费行为，这些关注点构成本书研究的基础；其次，借助社会公平理论可以分析大众为何会关注和评价他人的消费行为，从而了解社会大众的关注动机，为进一步深入研究大众的关注和评价准则形成铺垫；最后，运用期望理论探讨大众评价态度的形成机制，其中大众期望形成的影响因素则是重点探究的内容。

为了保证研究的内部和外部效度，本书研究分为两个部分，研究一是定性的探索性研究，在现有现象和理论的基础上，运用扎根理论对网上关于消费事件报道中网民回帖的数据进行分析，构建出大众对于社会性消费行为的评价机制，并提出若干命题；为了提升研究结论的科学性，研究二在提出的命题基础上，应用情景实验法，通过定量的数据检验和论证模型因果关系的确定性。

3.2 理论基础

3.2.1 社会性消费行为

消费原本是具有私密性的个人行为，而随着消费需求的升级，消费开始由物质层面的功能型消费向精神层面的符号型消费转型。消费行为的外部性也逐渐增大，对他人、社会的影响越来越大。为了区别于一般私人性消费行为，我们将这种以传递价值信号为购买目的，并对他人、社会造成较大影响的消费行为称为社会性消费行为。其较为常见的表现有奢侈消费(Wiedmann et al.，2009)、炫耀性消费(Amaldoss & Jain，2005)、面子消费(Liao & Wang，2009)等，通常所消费的商品也多为高档品。私人性消费和社会性消费最大的区别体现在消费的动机和影响的效果上，此种划分与界定的理论基础来源于所消费商品的双重属性机制，即商品具有满足个人需求的私人属性(private meaning)和传递信号的公共属性(public meaning)(Richins，1994，2004)。私人属性通常是指功能、效用、物理成分等，而公共属性多为符号、价值等精神层面的东西。

Belk(1988)的研究也表明产品不仅仅代表着物质满足，而且是消费者自我形象的延伸。私人消费行为通常关注产品的功能、效用、性价比等产品的私人属性，社会性消费行为关注产品的符号价值等公共属性，既代表了消费主体的个人价值观，也是向他人释放自己的价值取向的信号。社会性消费越来越常见，对他人和社会所造成的影响也越来越大，而关于社会性消费行为的研究却不多(王宁，2001)。每个人都具有消费的需求和权利，消费已经成为日常生活中不可或缺的一部分，因此普通私人性消费行为不容易引起社会大众的关注。而当消费行为演化成社会行为，代表着象征符号和价值取向，并具有公共特征属性时，就会引起他人的关注和评论。人们对此的评价不会简单按照性价比原则来进行，而这种评价标准究竟是什么，则是拟探讨的内容。

3.2.2 消费权利和消费义务

权利和义务是政治学和社会学关注的热点问题，权利是指应受保障的利益或要求，义务则是应履行的责任或应作出的贡献。社会公平理论指出权利和义务需要对等，两者是一对矛盾的共同体(王海明，2005)。营销学对权利和义务的关注来自消费主义(consumerism)和反消费主义(anti-consumerism)之争，消费主义强调消费自由和权利应受保护(宁立志等，1999)，反消费主义强调对社会、环境承担责任义务并应减少消费(汪丁丁，1998)。消费主义强调权利而忽视责任义务，反消费主义则过分重视责任义务，两者争论的焦点其实集中在消费义务上。消费权利主要是在交易过程中，消费者应该保障得到的合理利益或要求，主要包括自主选择权、知情权、赔偿权等，各国均对此有立法保护，如美国于 1967 年制定的广告法，南非于 1980 年设立的消费者保护法等。而关于消费者责任义务的研究则较少涉及，Henry(2010)以信用卡消费为例，认为消费者的权利包括符合条件者可以持有和使用信用卡，而消费义务则为必须按时偿还信用卡的透支欠款。按照通常理解，消费义务是为获取产品或服务而需支付的成本。如消费行为造成的外部性影响超过预期，那么消费义务则不仅包含支付成本，还应将相应的社会责任考虑在内(王海明，2005)。

在参考借鉴社会学中关于权利和义务的研究基础上(王海明，2005)，我们将消费权利和消费义务之间的关系分为两种：一是个人的消费权利对应的个人消费义务；二是个人的消费权利与对他人、社会的消费义务。在个人购买能力范围内，消费权利被认为是每个人所拥有的(Henry，2010)，因此在两者关系中消费义务是重要的关注点。第一种关系下的消费义务只需履行支付产品价格的责任，其多为日常私人性消费行为，对他人、社会造成的影响较小。而第二种关系下的消费义务则不仅包括支付价格，还包括对他人、社会的责任，其多为社会性消费行为，造成的外部影响较大，因此这种对等关系较为复杂。由于消费行为不同于法律和其他社会行为，交易关系是其基本特征，因此社会性消费行为的义务到底包含什么，如何形成对等，需要进一步探索研究。

3.2.3　期望理论

根据期望理论态度的形成来源于预期和实际感知之间的差异，认知的不一致会导致满意或不满意态度的产生(Oliver，1980)。该理论可被广泛用于解释各种常见现象，黄敏学等人(2008)在关于汶川地震期间社会公众对捐款企业的态度评价机制研究中发现，社会大众是否认同企业的捐款行为，来源于对企业的期望和实际感知是否相匹配，期望包含企业回报社会的亲社会行为预期标准，而实际感知主要是企业行为是否善意为之。大众对他人消费行为的评价态度与对企业捐款行为的评价态度的形成具有共性，因此该理论也可以用来分析大众对他人消费行为的评价态度的形成过程。私人性消费行为由于较为常见和对他人影响较小，与大众的关联度较低，通常被关注得较少，进行期望和感知的动机较弱，大众较少做出评价。而社会性消费行为，代表着价值取向，具有较强的外部性影响，与社会大众的关联性较高，而且人们通常都具有表达价值规范的需求(Schwartz & Bilsky, 1987, 1990)，所以会对社会性消费行为进行评价。评价态度来源于期望和实际感知的比较，社会性消费商品以高档品为主，此类消费者的收入和能力通常较高。“能力越大，所承担的社会责任应越多”这是大众对于高收入群体的社会义务期望，若感知到的是他们以消费享乐为主，较少履行社会义务，则会产生负面的评价态度。反之亦然。虽然期望理论能建立起社会公众对他人消费行为评价态度形成的分析框架，但对于不同消费主体的消费义务期望差异性的形成究竟受何种因素影响，这个根本性问题仍有待深入探索。

由以上理论综述，我们可以发现大众对于他人消费行为的评价是基于公平和期望理论，而对于大众评价态度形成过程中消费者和产品的那些因素会影响到公平感知和期望的产生，则是在以往研究的基础上需要进一步深入研究的问题。大众为何会对相同的消费行为给予截然不同的评价，与消费者和产品相关的导致这种差异性产生的因素分别是什么，下文将对此进行探究。

3.3 研究方法

3.3.1 研究设计

由于现有研究不能提供具有说服力的第三方是如何评价他人消费行为的解释，需要从大众如何关注、为什么关注、怎样评价三个基础问题上进行开放、深入的探讨与分析，从而获得全面和深入的了解。定性研究方法在进行基础性、探索性研究中具有得天独厚的优势，其中扎根理论是进行构建理论研究的合适方法(Glaser & Struass, 1967)，因此本书首先采用扎根理论作为指导，按照该方法的流程开展研究。

数据采集。大众对他人消费行为评价机制研究所需的数据是大众对他人消费行为评价的观点和态度，而这些观点和态度需达到以下三个要求：真实性；差异性和交互性。这些标准有助于保证研究结论的科学性，网上论坛(BBS)中的数据特点与这些标准和要求不谋而合，而且还具有可记录性和可分析性的优点。首先，网上关于消费事件的报道较多，而且网民参与人数较多和参与评论的积极性较高；其次，互联网 BBS 的开放性，使得网民没有必要隐藏自己的真实想法，关于某些事件的评帖一般是其真实态度评价；最后，由于个人背景的差异性，通常对同一事件网民的看法差异性较大，而且网民之间的观点互动，可以在无形中形成一种系统内自我检查和自我平衡机制。以上特点是采用访谈法或问卷法均较难具备的，因此网上关于豪宅、高档汽车等消费事件的报道，与本研究的主题要求相一致，是合适的研究对象和数据来源。

分析方法。网友对于消费事件的评论均是采用文字叙述，本研究在数据收集和分析的过程中遵循扎根理论的分析思路，通过开放编码、主轴编码和选择编码等步骤分析网民对消费事件的评论，从而构建出对他人消费行为评价的机理模型。扎根理论是基于二手定性数据的分析方法，要求数据的收集和分析应持续到没有新概念范畴出现，数据收集和分析的过程是一个并发、持续和循环的过程(Strauss & Crobin，1998；Kozinets，2002)，本研究按照此标准要求进行(详细方法参见黄敏学等人 2008 年的研究)。

3.3.2　研究过程

3.3.2.1　样本选择与分组

在大量阅读关于消费事件的报道后，经过对这些事件共同特征的归纳总结，以及对报道网站数据特征的比较分析后，从以下三个方面对样本选择原则进行了总结：

第一，关于被大众评议对象(消费主体)的选择。在消费事件报道中，消费者大致可以分为明星、富二代、企业家三种类型。普通人群的消费行为所造成的外部影响性较小，并不能引起大众的热议或非议，政府公务人员的消费则涉及国家治理结构，超出了本书的研究范围。这三类消费者的行为被大众关注得较多且社会影响性较大，符合本书的研究标准要求，为此本研究聚焦于此三类消费者的消费行为。

第二，关于被大众评议的消费商品(消费客体)选择。主要选择房产、汽车或飞机等交通工具、服装包具等装饰品三大类型消费品(见表 3-2)，随着消费的升级此类产品的符号价值不断增加，具有较强的社会属性。

表 3-1　　消费者和消费商品样本数量分布

消费商品＼消费者	明星	富二代	企业家	小计
交通工具	5	5	4	14
房产	3	3	4	10
装饰品	2	2	2	6
小计	10	10	10	总计：30

第三，关于数据源的选择。各大门户网站对消费事件均有报道，经过对凤凰、新浪、搜狐和网易的对比分析，我们发现从网民参与的数量、消费事件报道的频率、报道周期和数据统一性角度考虑，网易论坛(http：//bbs.163.com)最具有代表性，因此我们选择了网易论坛作为唯一数据来源。根据本研究主题，我们选取了房产、汽车、时尚娱乐和新闻四大模块，按照与消费有关的购买或使用商品事件报道中的文本标题，如“XX 两天花费百万元购买奢侈品”“XX 明星在北京购置豪宅”“XX 青年开宝马上学”等，在阅读报道内容后查看网友对此事件的评论。我们收集了 30 个样本案例中与消费和商品有关的评论帖子 2700 余条(见表 3-2)，时间跨度为 2009 年至 2011 年 5 月。

经过统计归类发现网民对同一消费事件的评论及评价的观点态度存在差异性，正好符合我们的研究需求，有助于我们全面深入地了解大众对他人消费行为的评价机制。借鉴以往扎根理论研究方法(黄敏学等，2008)，我们根据同一事件回帖中的正面帖子数与反面帖子数的比例，将样本案例分为高正面组(正负帖子比例≥2)、高负面组(正负帖子比例<0.3)、低正面组(1≤正负帖子比例<2)以及低负面组(0.3≤正负帖子比例<1)四类。根据以上因素，逐一将随机组合的案例组进行比较，最终样本案例及分组情况见表 3-2。

表 3-2　社会性消费事件案例及分组

序号	消费者类别	购买产品	留言总数	正负帖子比例	用途
1	普通企业家	名牌皮包、手表、首饰	117	0.82	构建
2	台湾明星	豪华跑车	71	1.12	构建
3	富二代	豪华跑车	71	0.23	构建
4	富二代	名牌皮包	45	1.32	构建
5	香港明星	香港豪宅	53	0.28	构建
6	实业型企业家	香港豪宅	91	1.72	检验
7	实业型企业家	豪华跑车	73	1.47	构建
8	大陆明星	私人飞机	117	0.95	构建
9	富二代	豪华跑车	55	0.17	构建
10	金融型企业家	游艇	89	0.25	构建
11	大陆明星	上海豪宅	90	0.78	检验
12	IT 企业家	北京豪宅	55	0.75	检验
13	企业家家属	房产	75	1.06	构建
14	香港明星	豪华汽车	67	0.43	检验
15	富二代	名牌汽车	45	0.55	构建
16	香港明星	豪华跑车	64	0.23	检验
17	富二代	上海豪宅	70	2.94	检验
18	富二代	豪华跑车	75	0.39	构建
19	台湾明星	名牌皮包	49	1.74	检验
20	IT 企业家	豪华汽车	83	2.25	检验
21	实业企业家	多辆豪华汽车	103	0.57	构建
22	大陆明星	北京豪宅	82	0.68	检验
23	富二代	美国豪宅	88	0.16	检验
24	实业型企业家	上海豪宅	65	2.13	构建

续表

序号	消费者类别	购买产品	留言总数	正负帖子比例	用途
25	富二代	豪华汽车	63	1.35	检验
26	富二代	北京豪宅	72	0.12	检验
27	IT 企业家	古玩装饰品	95	1.84	检验
28	大陆明星	名牌皮包	50	0.50	检验
29	香港明星	私人飞机	82	2.63	检验
30	富二代	名牌皮包	61	0.21	构建

通过以上对帖子的初步归类，我们首先可以看出大众对于消费对象(商品)不存在偏见，也即对消费行为本身的评价并不存在偏见，如同是消费豪宅、汽车正面和负面评价都有(如帖子 2 Vs 帖子 14，帖子 17 Vs 帖子 26)。其次，消费主体(消费者)是影响大众对消费行为进行评价的重要因素，可以看出消费者自身是影响大众评价态度的重要因素。由于消费者个体的差异性，对于三种类型消费者的消费行为大众正面和负面评价均存在，只是对富二代的评价以负面的居多(正、负评价比例为 3∶7)。是何因素导致消费者个体差异性的存在以下将进一步深入分析。

3.3.2.2 开放编码

评论帖子整理。我们总共收集了原始帖子 2700 余条，然后遵循以下三条原则进行筛选：第一，剔除内容比较简单的(如只有“顶”“赞”等)；第二，剔除与评论不相关的内容（如人身攻击或谩骂，与事件评论不相关等）；第三，对于重复发帖(如复制他人内容)也予以排除。最终，30 个样本案例共获得有效帖子 2216 条，平均每个案例 73.87 条。用于建构的帖子 1115 条，验证的帖子 1101 条，用于建构和验证的消费主体和消费客体类别分布较为均匀。

开放编码。扎根理论指导研究者从原始材料中寻找规律特征，构建理论帮助人们认识。我们按照事件序号-帖子序号-评论内容的顺序，如编码 1-1-1 表示案例编号 1 的消费事件评论中第一个帖子中的第一句话，对有效帖子进行了编码处理，然后从中寻找共同构念。通过对帖子内容的分析与讨论，我们得到以下类别（见表3-3）：

表3-3 开放编码形成的范畴

编号	主范畴	概念	帖子举例
1	收入的合法性	用于消费的收入来源是遵循法律和道德约束的	15-21-2；15-23-1
2	个人能力	个人用于消费的钱是否凭个人技能、本领所得	13-53-1
3	消费权利	消费的自主决定权和享受，决定购买何种类型产品，决定消费支出的多少	24-14-1；24-19-3
4	感知不公平	对社会财富分配制度不合理的感知	13-57-1；13-62-1
5	感知消费义务履行	大众对于被评价的消费者回馈社会的贡献的感知属性：慈善行为（是否有过捐款）、数额（紧急社会事件中捐款的多少）、与个人能力的对比（慈善行为与个人实力相匹配）	21-2-1；21-4-2；19-2-2
6	态度	大众对他人消费行为的评价，包括3种：不满意（炫耀、浪费）、中立（没有必要评价）、支持（正常需求、有品位、合理）	30-18-1 19-19-3 30-24-2
7	炫耀性消费	大众感知购买产品的目的是展示财富、社会地位和与众不同，产品特征夸张	15-46-1
8	功能性消费	大众感知购买产品的目的是实用性、功能质量和发挥产品的对比优势	24-14-3
9	消费价值观	消费的指导理念：不能浪费（如：可以奢侈，但不能浪费）、消费自由权	18-63-1
10	消费义务的期望	除了支付购买商品的价格外，大众希望消费者能够多进行亲社会行为，履行社会的责任义务	15-6-1
11	社会贡献	消费者对社会的回馈和付出，包括慈善捐款等亲社会行为和通过个人工作努力对社会回报两个层面	9-21-1；30-56-1
12	社会性消费行为	消费行为的主要目的是获得商品的符号价值，向外传递消费者个人信号，并造成较大的外部性影响	10-23-3 23-16-1

3.3.2.3 主轴编码

主轴编码是为了将开放编码中形成的资料加以类聚，了解各类别间的相互关联，以辨认导致现象的条件和结果等(Strauss & Crobin，1998)。为了了解内在逻辑，需要分析各类别间潜在的脉络关系，因此以下将对开放编码中体现的类别间联系进行分析。通过对帖子进行主轴编码，我们发现了其中存在的逻辑和因果关联，然后将这些逻辑和因果关联归类，形成以下关系(见表3-4)：

表3-4　　基于主轴编码形成的三大类关系

编号	关系	影响类别	内涵	帖子举例
1	消费义务的期望	已往的社会贡献个人能力	消费者已往的社会贡献和个人能力会影响大众对消费义务的期望，当个人以往的“社会贡献”较大时(如“汶川地震”等社会事件中有捐款行为，工作对社会的回报较多)，会被视为已经履行过“责任义务”，会降低对他们的“消费义务期望”；“个人能力”越强，代表着工作付出较多，已经形成了对社会的回报(如辛苦创业的企业家VS富二代、暴发户)，消费是对他们工作的补偿，大众对他们“消费义务的期望”会降低，反之期望高	8-37 4-21
2	感知消费义务的履行	炫耀性消费功能性消费	消费的类型会影响大众对消费者义务履行的感知，“炫耀性消费”以享乐为主，耗费较多社会资源，与大众的消费义务期望相对比，会被认为“消费义务”的履行较少；当大众认为消费者购买产品是为了追求其功能属性时(如虽是一辆豪车，但是为了工作社交需要)，会被认为是正常的私人消费行为，对于私人消费行为的主要义务是价格支付的履行，因此“感知的消费义务履行”会增加	2-8 3-6

续表

编号	关系	影响类别	内涵	帖子举例
3	态度的形成	消费义务的期望 VS 感知消费义务履行	态度来源于期望和感知的比较，对他人社会性消费行为的态度评价，来源于消费义务的期望和感知比较，形成满意或不满意的评价；根据对“消费义务的期望”和“感知消费义务的履行”的分析，“以往的社会贡献”“个人能力”“炫耀性消费”“功能性消费”通过期望和感知比较从而间接影响态度的形成	5-5 24-51

3.3.2.4　选择编码

在选择编码阶段，通过进一步整合和归纳资料，发现能够概括上述关系并且说明研究问题的核心类别(Strauss & Crobin，1998)。本研究的问题可以概括为公众对他人社会性消费行为的评价机制，公众对他人消费行为的评价经历关注—态度形成的过程，这一过程实际上符合认知-态度理论框架(Oliver，1980)。核心类别见表 3-5，社会性消费评价理论模型如图 3-1 所示。

表 3-5　**核心类别**

主范畴	议程关注点-期望、感知	期望-比较
内涵	消费事件的报道中，大众的关注点会影响态度评价，关注点可以分为“人”“物”两类。在消费事件中与“人”相关的因素是以往的社会贡献、个人能力，而与“物”相关的则是产品的炫耀性和功能性，这些是影响大众期望和感知形成的重要因素	消费义务是评价社会性消费行为的主要因素，根据权利和义务的对等原则，大众对社会性消费行为者的消费义务有着期望，并会与他们对实际履行状况的感知进行对比，从而形成满意或不满意的态度

(1)网络议程的关注点。网络议程是指网络新闻报道的内容导向，社会性消费事件之所以能引起社会大众的广泛关注，一方面是出于大众消费价值观表达的

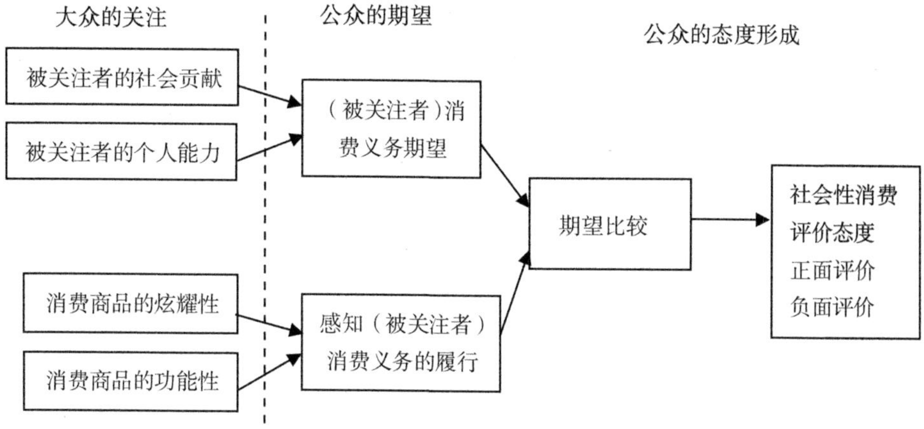

图 3-1 研究—社会性消费评价理论模型

需要（王财玉，2013）（如帖子 3-13 中“消费是个人的事，可以奢侈，但不能浪费”），另一方面则是事件报道内容的吸引导致的关注（如帖子 5-7 中“我承认是小编的标题吸引了我，但是我觉得应该说两句……”）。虽然这种议程设置具有影响力，但是随着网络信息的泛化以及人们“网商”的不断提高，一些参与的评论均是其观点态度的反映，而对于不关注的事情评论较少（如帖子中的“飘过”“路过”“打酱油”等）。在社会性消费事件的报道中，涉及的各方面因素较多，但大众的关注对象可以从消费主体（人）和消费客体（物）两个方面来进行概括，即“是谁消费”和“消费什么”两个问题。

“是谁消费”涉及消费者的个人特征，这些个人特征会影响大众对消费行为的态度评价。大众对于个人特征的关注会因消费行为的外部性影响而有所不同（如帖子 1-9 中“本来买什么是个人的事情，既然要让大家都知道，建议先查下这位仁兄的背景资料”），对于私人消费行为人们通常关注得较多的是消费者个人形象与产品品牌形象是否匹配（Shang et al.，2008），而对于社会性消费行为大众关注的是“消费者为社会做了什么”和“消费者是否有这个能力消费”这两个基本问题，它们等同于消费者的“社会贡献”（如帖子 4-9 中“不知道他在汶川地震中捐了多少钱”）和“个人能力”（如帖子 1-11 中“他有挣钱的能力，花费下是应该的”）。而“消费什么”则是商品类型问题，与消费者的消费动机有关，由此大众关注购买的商品是为了“炫耀”还是追求产品的“功能”，感知的不同会影响大众的评价态度。大众对消费商品的感知可以分为两类：“消费商品的炫耀性”(如帖子 8-7“花这么多钱买灰机，真是太显摆了”)，即认为消费者的主要目的是传递个人价值信号；“消费商品的功能性”(如帖子 21-8“虽然是好车，其实这也是人家的一个交通工具”)，将购买行为归因于追求商品的功能属性。大众对于同一商品的不同属性感知，正好对应了本书试图解释的现象，同是购买某一商品，大众认为有些消费者是代表“品位”，而有的人购买使用却是“炫耀”。这是因为大众对同一消费行为的属性感知存在差异性，是消费者的个人特征不同所导致的。

(2)大众的期望与评价态度的形成。根据期望理论(Oliver，1980)，态度的形成来源于期望和实际感知的比较，比较产生的不一致性会导致正面或负面评价。大众关注和评价的是他人的社会性消费行为，对此的评价是基于社会准则，社会公平理论中强调个人权利和义务的对等(王海明，2005)。大众对于他人消费权利是普遍认可的，而对于消费义务则因情境而异。在社会性消费行为中，消费义务的内涵有所扩大，除正常支付产品价格外，消费义务还应包含消费行为外部性所造成的影响补偿，由此产生大众对他人社会性消费行为的期望。这种期望主要基于消费者对社会的应有付出。首先，消费者是否有能力为社会做贡献——即“个人能力”(如帖子 2-2 中“他的工作已经为社会做出了很多贡献，买辆汽车享受下是应该的”、帖子 21-15 中“钱赚得越多，付出也就越大，合理享受下是应该的”)，其次，消费者以往是否为社会做过贡献——即“以往社会贡献”(如帖子 21-8 中“他在汶川地震期间也捐了不少款，没必要对他太苛刻”，3-9 中“从来就不知道做些有利于人民的事情，为社会做点贡献，只知道贪图享受”)。大众期望的形成，主要受消费者个人特征的影响，而对于消费者义务的履行感知则受对他们实际消费行为感知的影响较大，如感觉到消费者购买商品是属于“炫耀性”消费动机时(如帖子 3-7 中“花这么多钱买辆这么拉风的车，真是太浪费资源了”)，则会认为他们是在追求个人享受，而忽视了消费义务的履行(如帖子 4-15 中“只知道炫耀浪费，不知道为穷苦人民做点贡献”)。而如果感知到消费者是以“商品的功能性”为消费动机时(如帖子 8-8 中“虽然是飞机，但也是人家所需的一个交通工具，这没什么”)，则会提升对消费义务履行的感知(如帖子 8-20 中“买辆飞机是为了出行方便，他的影视基地解决了许多人的就业问题”)。

大众对消费者消费义务的期望和对他们实际消费行为感知的比较，会导致评价态度的产生。当大众对他人消费义务的期望高于实际的感知时，则会产生负面的评价，如大众期望消费者更多地履行消费义务，为社会做贡献，而实际感知到消费者却是在进行炫耀性消费享乐，就会对此消费行为产生负面的评价(如帖子15-9中“有钱享乐无过，但应该多做善事回报社会，只知道买车拉风炫耀，有钱无品”)；而如果大众对他人消费义务的期望低于实际感知时，则会产生正面的评价，如消费者已往社会贡献较大，大众对他的消费义务期望较低时，而实际感知到他的消费义务履行较高时，则会对其消费行为产生正面评价(如帖子7-6中“他老人家为社会做出了这么大的贡献，一直生活简朴，仍然在辛苦工作，就算买架飞机也不为过，何况是辆汽车”)。从以上分析可以看出消费义务的期望和感知对比，是影响大众评价态度产生的主要因素，而在大众眼中消费义务是消费者社会义务的同义延伸，消费者的亲社会行为状况会影响大众对他们消费行为的态度评价。

3.3.2.5 饱和度检验

饱和度检验是为了进一步验证理论构建的准确性，我们对余下的案例，重复上文中的步骤对网友评论的帖子进行编码和分析，发现大众对他人消费行为的评价与社会性消费行为评价机制中变量间的关系脉络相一致。由于评论帖子较多，采用以下有代表性的评论为证：

帖子25-30“他们的父母辛苦挣的钱，来之不易，给子女买辆好车，这是无可厚非的事情，开自己的车，让别人说去吧”(个人能力——消费义务的期望)。

帖子14-28“买这种车的人，一看就是暴发户，有钱也不知道做善事，就算开劳斯莱斯也提升不了低俗的品位”(消费义务期望VS消费义务感知——态度评价)。

帖子22-17“他的演技一流，是个实力派的演员，靠本事吃饭，而且很有爱心，参加各种义演，住个舒适点的房子是应该的”(个人能力、以往的社会贡献、消费商品的功能性——消费义务的期望、消费义务的履行感知)。

在后续分析中，并未发现形成新的类别和关系。因此，可以认为上述理论模型是饱和的(Pandit，1996)。

3.3.2.6　消费行为评价的机理分析

由以上分析我们可以看出，大众关注的是他人的社会性消费行为，而非普通的私人性消费行为。首先，社会性消费行为造成的外部性影响较大；其次，社会性消费行为本身代表着消费者的价值取向，从社会学角度理解主流价值是具有共性和统一性的。因此，大众有权关注和评论他人的社会性消费行为，而非大众“仇富”为之，大众的评价态度呈现出具有规律性的心理机制，实际上并非因人而异。在社会公平准则的指导下，大众要求他人消费权利和消费义务的对等，两者中他人的消费权利是大众所普遍认可和接受的(Henry，2010)，消费义务是关注和争论的焦点，也是大众评价态度形成的核心要素。在社会性消费行为中，消费义务是社会义务在消费情境的延伸，主要包括对社会的回馈和付出。在期望理论的指导下，围绕消费义务本书研究发现大众对于他人的消费义务存在期望和感知对比，两者产生的不一致性会导致评价态度的产生，而消费义务的期望和感知分别受到消费者个人因素和产品因素的影响。

3.4　研究小结

本书首先通过扎根理论的定性研究，从第三方(社会大众)视角对消费行为的评价机制进行了探索性研究，结合议程设置理论对公众的关注点进行了归类分析，在社会公平、期望理论的基础上构建了消费行为的评价机制，并采用情境实验法对评价机制进行了验证。可以得出以下主要研究结论：

(1)消费行为的社会属性是引起大众关注和评价的原因。消费行为具有私人属性和社会属性(Richins，1994；2004)，从消费权利角度来理解具有私人属性的消费行为通常不应该被他人评论。然而消费行为的社会属性，可以对外传递消费者个人价值、社会地位等公共信号，这些价值符号可与社会大众建立关联性。大众关注的消费类型是社会性消费行为，因为社会性消费行为具有较强的外部影响性，代表着消费者的文化价值观。因此，大众并非由于“无聊”而评点他人消费行为，而是有权表达自己的价值需求，从而对他人的社会性消费行为进行评判。对消费行为社会属性的分析有助于理解大众会关注什么类型的消费行为，以及为何会关注和评价他人的消费行为。

(2)消费义务的履行是大众关注的焦点，大众并不反对个人的消费权利。对消费义务的理解需要深入，普通的私人性消费行为中消费义务就是商品货币价格的支付和正确的使用处置。而社会性消费行为中的消费义务内涵较为复杂，由于社会性消费行为的外部性较大，除了包含简单的消费义务外，还应包含对社会、他人的责任义务。社会性消费义务的表现形式为各种亲社会行为，如慈善捐款、义工等。而且进一步分析，相较于一般的私人消费行为，消费者的社会性消费行为通常希望得到大众的认同，对于消费所得的期望也更多。根据社会公平的对等原则，消费者需要承担更多的责任、义务来维持对等，从而获得认可，这种消费义务代表着社会和消费文化的进步。由此可见，大众对他人消费行为的评价具有一套公共规范标准，并非因人而异，也并非因"仇富"而为。

(3)影响消费义务期望和感知的主要因素是消费者以往的社会贡献、个人能力和大众对商品属性的感知。从权利和义务对等原则来理解，大众对他人消费义务的期望具有合理性。之所以出现看似大众对他人消费行为评价态度存在因人而异，是因为消费者类型不同，期望的标准存在差异，同时对不同消费者的消费动机感知存在差异。如在本书所研究的三种类型的消费者样本中，相对而言大众对"富二代"的消费义务期望标准要高些，在大众的印象中该类消费者的社会贡献和个人能力不高，而且消费动机多以炫耀享乐为主。对于此类消费者而言，他们可以通过慈善活动、个人能力提升改变大众的刻板印象，从而获取大众的积极评价态度。进一步延伸，对于奢侈品消费者而言，通过消费义务的履行，可以获得他人的社会认同。

3.5 研究局限

研究一探究了大众对于社会性消费的一般评价机制是建立在期望理论基础上，根据消费权利、义务对等法则而形成的。然而，存在2点研究局限：

(1)缺乏对于社会性消费行为类别的深入研究。虽然得出了影响观察者评价的前置因素，可以分为"人"和"物"两类因素。其中"人"的因素包括社会贡献和个人能力，而"物"的因素则是商品炫耀感知和商品功能感知，"人"和"物"共同构成消费事件。但这些“人”和“物”的因素如何体现在消费行为当中，如何让这些因素更具普适性和可操作性，是需要进一步深入研究的问题。

个人能力直接表现为消费者收入的高低，而商品属性则代表着消费类型，对应着符号消费和功能消费。根据消费者收入可将其消费行为划分为匹配消费行为(高收入高消费 & 低收入低消费)和非匹配消费行为(高收入低消费 & 低收入高消费)。其中作为正常需求的匹配性消费不会引起大众的非议，而非匹配消费行为则是关注的热点。高收入低消费是“向下消费”行为，而低收入高消费则是“向上消费”行为。观察者视角下，向下消费多为追求产品功能价值，可概括成“向下功能消费”；而向上消费则是为追求产品符号价值，可称之为“向上符号消费”。研究二将进一步探究社会性消费中的向上符号消费和向下功能消费的影响作用。

(2)缺乏对于社会性消费影响作用的研究。首先，研究一主要关注的是对一般社会性消费行为的评价机制，焦点是对消费行为态度评价的形成。而社会性消费对品牌和个人有何影响，则是值得探究的重要营销问题。研究二将展开对社会性消费影响机制的研究。其次，发现了大众以权利和义务对等的公平法则作为评价依据，但公平法则建立在对信息的充分掌握基础上，其思想应用需进一步简化。而情理作为一种社会规范，其主张的匹配性是公平原则的体现。研究二以情理作为公平原则的应用演变，将其引入社会性消费影响作用中。

第4章　研究二 消费情理对不匹配社会性消费的中介影响作用

4.1　引言

4.1.1　问题提出

4.1.1.1　品牌形象与目标消费群体间的匹配关系

品牌是吸引消费者选择的重要诱因(Bettman, 1979)，消费者行为研究中的自我理论(self-theory)观点主张，品牌是消费者自我的延伸，消费者会选择与自我形象感知一致的品牌(Jamal & Goode, 2001)。此理论观点给予我们以下启示：从企业角度出发：(1)要重视品牌形象塑造。产品品牌所代表的“物”是“人”的延伸，这是消费者品牌选择偏好的重要理由，因此需要给品牌树立合适的鲜明形象(Dichter, 1985)。品牌形象是消费者识别产品信息的内部搜寻线索，记忆深刻的品牌形象，既是市场销售绩效的驱动因素，同时也是品牌资产的重要构成(Keller, 1993)。(2)品牌有对应的目标顾客群体(Berthon, 1999)。品牌形象对于消费者具有吸引作用，由此而聚集起来的消费者会形成对应的群体形象(user-imagery)，此部分消费者即为品牌的目标消费者群体，即由品牌形象而演进成为用户圈子，而目标消费者群体的确定有助于提升营销活动的针对性和效率(Berthon, 1999)，也有助于客户关系管理，如可以利用目标顾客群体的圈子口碑提升客户的社会价值(Urde, 1999)。而从消费者角度出发，品牌形象是物化的自我形象的延伸。品牌确立了对应的形象标签之后，消费者在购买时会选择向往的自我形象(ideal self)，并与品牌形象进行对比(Cobb-Walgren et al.，1995)。当两者相对应时，对其品牌选择偏好具有提升作用(Dolich，1969；Dichter，1985)。由此可见，品牌形象确定后，便会有与之对应的目标消费者群体，他们是企业营销工作的重点服务对象。

从以上分析可以看出，从品牌营销实践角度，通过构建独特的品牌形象吸引目标消费者是常用操作思路，即品牌形象有着与之对应的消费者群体，例如奔驰汽车以“富贵、奢华、品质”的品牌形象著称，与之对应奔驰汽车的目标消费者由“高收入、有文化、高社会地位”人群构成(见图4-1)。这也与对营销功能是向对的消费者提供合适的产品的理解相一致。品牌形象与正确的目标消费者群体相匹配时，两者相得益彰，品牌价值和消费者动机可以顺利实现。品牌包含功能价值和符号价值两个部分，功能价值是产品的物质属性的质量、效用帮助消费者的问题解决。而符号价值则是品牌象征意义，是给消费者带来的面子、归属感等精神收益。根据自我理论分析现有研究不难得出，其通常的前提假定是品牌形象与目标消费者群体形象相一致。

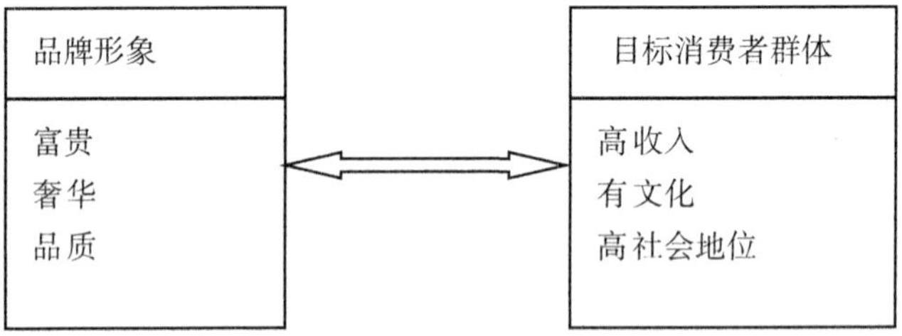

图4-1　品牌形象与目标消费者群体匹配图

4.1.1.2　品牌形象与目标消费群体间的不匹配

然而品牌形象与消费者形象不匹配的情形大量存在，其产生主要有两个方面原因：(1)“主观自我(subjective self)”与“客观自我(objective self)”的偏差。如自我理论揭示消费者会根据自我形象与品牌形象进行匹配，从而做出购买决策，但消费者评估的“主观自我”与他人觉察的“客观自我”通常存在误差。消费者的主观自我通常是理想或向往中的自我(ideal self)，品牌形象也体现了消费者的“主观自我”与实际自我存在一定的差距，这就会导致不一致性消费的产生；(2)消费动机与自身状况的不对等。消费动机可以简单划分为功能消费和符号消费，追求产品的功能或象征价值(Babin et al.，1994)。如面子消费中，消费者想借助品牌形象来提升自己的社会影响力和获得社会认可。但他原本不是品牌的合适目标消费者，而购买品牌产品便会导致消费者形象与品牌形象间的不一致性。

大量的研究聚焦在匹配性消费行为情境下，消费者自我形象(self image)、品牌用户群体形象(brand user imagery)的影响作用以及消费对象品牌价值的作用与构成(Jamal & Goode，2001)。而对不匹配性消费的关注，只是从消费者动机角度分析面子、炫耀类消费的产生原因(Wiedmann，2009)。这些研究具有三个方面特征：(1)关注品牌的积极影响作用，而忽略了负面的品牌稀释作用(brand dilution)。从品牌价值角度分析了消费者的品牌收益(Brodie et al.，2009)，以及从品牌溢出效应分析品牌资产的影响价值(Balachander & Ghose，2003)，主要是分析“物”(品牌产品)对“人”(消费者)的影响，然而对“人”对“物”的回馈影响作用缺乏关注。已有学者开始关注消费者产品使用行为对品牌的影响作用，如当感知到消费者行为炫耀动机较强时，对品牌声誉具有负面影响作用，同时也会降低品牌的购买意愿(Till & Busler，2000)。因此消费者对于品牌的影响作用是一个新的研究关注视角。(2)注重产品价值的塑造，而忽略价值的实现。如从符号价值角度宣传品牌可以给消费者带来收益，如购买向往参照群体的品牌产品。但消费者购买后是否会被归为此群体中的一员，即品牌所宣传的符号价值主张能否实现，则较少有研究关注。(3)主要从当事消费者动机角度分析其行为，而较少关注第三方(他人)的评价影响。品牌消费动机中精神追求越来越多，但消费行为能否得到认可则取决于他人的评价。已有研究发现，非品牌目标消费者群体使用品牌产品且被归结为品牌移民时，大众对品牌和消费者均具有负面评价。而被归为品牌游客时，则可以取得较好评价结果。此研究说明了第三方(大众)评价对于品牌的影响作用，特别是移动互联信息沟通传播便利时代，第三方的评价作用愈加重要。

4.1.1.3 不匹配性消费的类别

根据以上分析不难发现，不匹配性消费对品牌和消费者具有影响，而其影响机制则需进一步探究。根据不匹配性消费产生的原因，本研究主要关注消费者收入状况与品牌形象间的不匹配性。收入代表着消费者的挣钱能力，是消费者形象的构成内容之一，也是品牌目标消费者群体划分的重要维度(年小山，2006)。消费者收入与品牌形象对比可以形成 4 种类型，本研究关注的是收入高于/低于品牌形象的两种不匹配性消费(第 2 和第 3 象限)(见图 4-2)。根据消费动机，可以将消费行为划分为功能型消费和符号型消费两个类别(Babin et al.，1994)。而根据消费者收入，可以分为高收入低消费和低收入高消费两种情形。高收入消费者可以进行高档品牌产品消费，从而与个人形象相匹配。当其选择一般性品牌产品时，其主要动机是看重产品的物质属性、性能效用，其行为可以称为“向下功能型消费”(Bellezza et al.，2014；Bellezza & Keinan，2014)。低收入消费者的合理消费对象是普通品牌产品，其高档品牌产品消费的主要动机，是为了获得品牌的象征价值，借助品牌传递个人价值信号 ，其行为可以称为“向上符号消费”(Mazzocco et al.，2012)。因此本书研究的不匹配性消费，可以称为“向上符号消费”和“向下功能消费”两种类型。

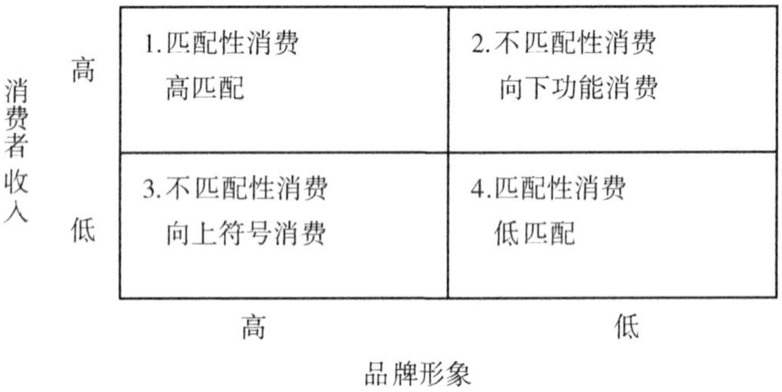

图 4-2　不匹配性消费类型图

4.1.1.4　不匹配性消费的影响作用

已有研究从品牌消费者身份和使用行为的炫耀性感知两个方面指出了它们对品牌的稀释影响作用(Keller& Sood，2003)，从理论上为本书研究提供了两点铺垫：(1)消费行为外部性(externality)的影响作用。以往较多研究的是商品价值对于消费者的影响作用，而较少关注消费行为对社会外界的影响。根据媒体议程设置理论，在社会化媒体高度发展的背景下，个人消费行为一旦被外界所关注和评论，就会由私人行为演化成公共事件。依此我们将对他人产生影响的消费行为界定为社会性消费(societal consumption)(Richins, 1994)。以往社会性消费多指是追求商品符号、形象价值的外在表现(Babin et al., 1994)，消费者的目的通常是借助社会性消费获取他人认可以提升社会影响力，较多关注的是向上符号型消费(如奢侈、商档消费)(Kirmani et al., 1999)。而向下功能型消费在议程设置理论背景下，也是一种社会性消费，其影响作用也需探究；(2)第三方(社会大众)评价视角的影响作用。以往研究主要是从消费者和企业品牌两个参与方视角，分析消费活动对双方的影响作用，而忽略了社会化力量的影响。大众对于他人消费行为的评价，是消费物质主义、商品价值理论研究一直倡导开展，但缺乏研究关注的热点问题(Richins, 1994)。物质主义理论提出了商品的功能作用，但品牌传递的价值信号能否被他人认可，关系到商品价值能否顺利实现。并且“众口铄金”，网络背景下大众评价的影响作用不断增强，一些网络负面标签对品牌形象造成损害(污名化)(Geraldine, 1998; Nam & Kannan, 2014)，需要加强对第三方评价机制的研究。

4.1.1.5 不匹配性消费的研究问题

消费行为的社会性和社会大众的影响力为研究不匹配性消费的影响作用提供了必要性和可行性基础，但不匹配性消费的评价机制仍有待探究，主要原因有3点：

(1)消费者身份解释视角有待完善。根据政治学公民身份理论，民众通常对于移民持反感态度，对游客持欢迎态度(Bellezza & Keinan, 2014)。同理当消费者被归结为移民时，其品牌使用行为会对品牌形象起稀释作用，负面影响观察者未来对品牌的选择偏好。而归为游客时，则会对品牌形象起增强作用，发挥积极影响效果。然而难以回答如何划定身份的问题，同样品牌购买使用，为何有人被归为“移民”，而有人却被认作是“游客”？在身份不匹配基础上，本研究从收入与品牌形象不匹配类型出发，分析向上、向下两种不匹配性消费的影响，可以为品牌身份理论提供合理解释。

(2)炫耀性解释存在不足。炫耀性解释从社会美德规范角度出发，指出炫耀行为不符合社会规范，会引起大众的负面评价(Amaldoss & Jain，2005)。而当品牌消费者的使用展示行为被归因为炫耀动机时(ulterior motivation)，会对当事消费者和品牌形象起负面稀释作用(Keller & Sood，2003)。问题是展示行为的炫耀性归因存在解释矛盾，同样的品牌产品使用行为，大众通常存在因人而异的评价。导致炫耀性感知差异的前因是什么？以消费者收入和品牌形象的不匹配性以及符号型消费和功能型消费的感知归因为研究对象，可进一步丰富炫耀性理论。

(3)品牌稀释影响过程缺乏研究。以上身份理论、炫耀性理论提供了事件对品牌稀释影响结果的解释，但同样的身份却有不同的炫耀归因评价，说明了中间过程还有评价标准未得到研究，即事件到结果的中间过程缺乏合理解释。由于消费行为的社会性，引起大众的关注和评价，才会对个人和品牌产生影响。但社会评价的标准有待进一步探究。根植于中国情理社会，情理是中国人行为的价值评判准则，也是个人与社会连接的枢纽(翟学伟，2009)。大众因情理而关注评价他人消费行为，也依情理而进行评价。情理是个人消费行为的社会化影响基础，其影响作用范围由社会化媒体扩大，情理在社会性消费评价中起着关键影响作用。情理是社会规范当中的一种，其指向性更加具体，但消费情境当中的情理内涵有待探究。本研究将引入消费情理的中介影响作用，分析不匹配性消费对个人、品牌形象的稀释影响作用，可以进一步提升理论的解释力度。

综上分析，研究二的具体问题为：

(1)不匹配性消费对个人形象、品牌形象有何影响？具体即为，向上符号消费和向下功能消费对个人形象、品牌形象有何影响作用？

(2)消费情理是如何起中介影响作用的？

4.1.2　研究价值

理论意义。研究二从研究对象、研究视角和研究内容上，丰富了以下三个方面的文献：

(1)研究对象上关注的是不匹配性消费行为，拓展了消费行为的研究范围。由于品牌形象与目标消费者人群是对应关系，现有研究较多关注的是品牌如何吸引对应类别的消费者，如自我理论认为品牌用户群体形象对消费者品牌抉择具有影响作用(Bourne，1957)。然而，存在许多消费者收入与品牌形象不匹配的消费行为，如存在许多向上符号消费和向下功能消费，这些消费行为的影响作用缺乏研究关注(Babin et al.，1994)。而研究二对此问题的关注，则可有效拓展消费者行为类型研究。

(2)研究视角上关注的第三方评价的影响作用，丰富了消费行为的影响边界。较多的研究关注的是品牌与消费者之间的交互行为，如分析消费者的购买动机、品牌价值影响(Solomon，1999)，而忽略了消费行为的社会性和对第三方的影响作用。以消费行为的外部性为基础，研究二关注大众对于社会性的向上符号消费和向下功能消费的评价机制，分析其对品牌形象、个人形象的影响作用。建立大众、企业品牌和消费者的三元影响网络，有助于还原消费行为的影响边界。

(3)研究内容上关注的是品牌稀释。如何提升品牌形象是品牌资产管理的重要内容，它对于消费者、企业均具有显著影响意义(Keller，1993)。现有研究内容较多的是从积极一面展开，探究如何成功塑造品牌形象，如何发挥品牌对消费者的积极影响作用，从收益面关注品牌问题。对负面问题关注得较多的是品牌污名化，但污名化通常是企业自身犯错造成的对品牌声誉的影响(Wiesenfeld & Hambrick，2008)。当品牌作为被动一方时，消费者行为对品牌负面的影响较少有研究关注(Geraldine，1998；Nam & Kannan，2014)。研究二通过对消费者不匹配性的向上、向下消费影响作用的关注，探究其对品牌稀释的影响作用，丰富了品牌问题研究。

实践意义。通过探究不匹配性消费对品牌稀释的影响作用，具有三个方面的管理启示：

(1)有助于品牌稀释问题管理。企业实践当中，大量的品牌建设投入宗旨是提升品牌形象，获取更好的品牌绩效，而被忽略的问题是品牌稀释的负面作用。研究二对此问题的关注，可提供品牌稀释管理的参考借鉴。

(2)有助于理解大众的评价机制。随着消费行为社会性的加强，大众的社会化力量以及影响能力不断提升，他们可以推动品牌标签化(Nam & Kannan，2014)。负面的品牌标签会对品牌声誉产生不利影响，因此有必要理解大众如何评价他人消费行为。研究二通过对不匹配性消费的研究，可以帮助企业理解大众的评价机制。

(3)提升对不匹配性消费行为的关注。企业品牌实践当中，通常是用品牌形象吸引与之对应的目标消费者，获得目标消费者与品牌形象相匹配的正面收益(Solomon，1999)。或者认为不匹配性消费也会给企业带来正面收益，如高品牌吸引想要炫耀、面子消费的低收入者，可以扩大产品销售额。但忽略了不匹配性消费对品牌的社会(无形)伤害，不匹配性消费行为的发生有可能对品牌产生稀释作用。研究二对向上符号消费、向下功能消费的关注，可帮助企业管理不匹配消费的负面影响作用。

基于此，研究二的内容安排如下：第一，回顾不匹配性消费的存在及其影响作用的理论基础；第二，根据理论基础提出研究框架与假设；第三，研究方法上通过访谈、实验法检验理论框架；第四，进行研究结论的探讨。

4.2　理论基础

4.2.1　社会性消费行为

消费行为的社会性是研究二开展的前提，只有当消费行为对他人产生影响，引起他人关注，才会建立消费者、品牌和社会大众三者之间的联系。因此，以下对社会性消费行为的内涵、类型和影响作用进行简要论述。

社会性消费行为的内涵。本研究将社会性消费定义为消费行为本身对他人、社区产生一定外部性影响，能传递信号的消费行为。其理论基础来源于商品价值(Richins，1994；Belk，1984)和行为外部性(Wiedmann et al.，2009)。首先，商品价值由功能价值和符号价值构成，前者包括功能、效用、物理构成等私人属性(private meaning)，后者指品牌个性、身份象征、符号意义等社会属性(public meaning)，可将消费行为划分为私人性消费和社会性消费。因此从商品本身价值构成角度而言，其具备成为社会性消费的基础。关注产品功能属性的私人性消费，在对他人产生影响后，也可演变成为社会性消费。其次，行为外部性是指个人行为对他人产生的影响。当消费行为的影响范围只是在家庭局部之内时，难以对社会他人产生影响，不用接受他人的社会评价。而当消费对他人产生影响并上升成为公共的社会性行为时，便会接受他人的社会评价。

社会性消费类型。根据物质主义观点商品既可以满足功能需求，也是展示个人形象和理想的社会沟通媒介，商品是人的延伸，消费从而具有社会属性(Belk, 1984)。相对于私人性消费，社会性消费的重点在于其对他人产生影响和引起关注(Richins, 2004)。根据行为影响的发起者身份划分，大致可将社会性消费分为主动型和被动型。主动型是指消费者的主要动机是向他人展示自我，通过消费传递个人价值信号(Belk, 1988)。常见形式有奢侈消费(Wiedmann et al., 2009)、炫耀性消费(Amaldoss & Jain, 2005)、面子消费(Liao & Wang, 2009)等，主动型社会性消费的影响扩散者是消费者本人；而被动型社会性消费是指一些私人消费行为，经过社会化媒介传播而引起他人关注和评论，如一些富人的私密消费被曝光后成为社会性消费行为。从消费对象来看，社会性消费对象既包括象征型消费中的高档奢侈品，也可以是一般性功能消费品。因为从社会影响效果来看，产品不分类别均可达到相应的影响效果，符号产品可以传达个人身份地位信号，实用产品也可以传递个人节俭习惯信号。本研究将重点关注社会性消费的影响效果，对其发起者类别、产品类别等影响因素加以控制。

社会性消费的影响。从消费规律演变来看，社会性消费的产生符合人们的需求规律，当物质、功能需求得到满足后，消费就成为人们归属感建立、自我展示和价值实现的手段(Richins, 2004)。大量的消费行为导向开始由物质层面的功能型消费向精神层面的符号型消费转型(Chernev, Hamilton & Gal, 2011)，伴随着消费升级，社会性消费越发普遍。而从技术环境演变来看，随着互联技术的发展，特别是信息传播途径和速度的增加，社会性消费的影响范围不断扩大，给消费者、企业和社会均会产生一定影响。消费行为一旦演化成为社会性消费，就会引起他人的关注和评价。社会性消费的影响是三元结构：(1)对消费者而言，他们通常希望借助品牌消费提升自我形象(Belk, 1984)，大众的评价会影响其消费目标能否达成。积极的评价有助于个人社会形象的提升，反之亦然。(2)对企业而言，社会性消费评价中对于消费者的评价会过渡到品牌形象影响上。大众对于消费者个人消费行为的负面评价，会过渡到品牌形象的影响上，从而对品牌产生稀释影响作用。(3)对大众而言，社会性消费中的大众评价会影响社会文化。大众自发地参与对各种社会性消费的评价时，其评价依据是社会规范准则。但在移动互联时代"众口铄金"所得出的结论，会对大众自身的消费行为具有指导作用。

因此，对社会性消费的研究具有实践和理论意义，其特殊性在于消费价值的实现受大众评价的影响。现有研究较多的是从消费者与品牌二元交互机制展开，探究消费动机和品牌价值等(Babin et al., 1994; Brodie & Whittome, 2009)，缺乏第三方视角对社会性消费行为的评价关注。如为何同样消费，消费者得到的评价却截然相反？大众如何评价他人社会性消费行为？在消费行为研究的基础上，本研究将对这些问题做进一步探究。

4.2.2　消费的匹配性

本书的研究对象是不匹配性消费，但其理论来源是消费行为的匹配性，以下通过对匹配性的内涵、类型和影响作用进行简要论述，由此提出不匹配性的向上符号消费和向下功能消费。

消费匹配性的内涵。消费匹配性是指消费者的个人特征与品牌特征相对应，如个性特征、生活方式、收入等影响个人购买行为的变量，与品牌形象所拟定的目标消费者群体相对应(Dolich, 1969)。它来源于自我匹配性理论(self-congruence)，该理论的基本假设是实际自我形象感知(actual self)与理想自我形象(ideal self)的一致性会影响消费者行为。消费者通常会根据理想自我的方向，调整自我的购买决策行为，如购买向往群体的品牌产品，规避厌恶群体的品牌产品。匹配性理论思想可以应用在品牌偏好决策当中，是因为品牌可以映射出自我形象，即品牌形象代表着消费者的自我形象(Parker, 2009)。这反映了品牌形象与目标消费者群体相对应的观点，品牌消费者由与其形象相一致的用户群体所构成，品牌形象也演变成对应的品牌用户群体形象。

匹配性是品牌消费行为研究的重要内容，它揭示了品牌形象对消费者产生影响作用的背后理论机制，也是企业营销实践的操作思路，如针对目标消费者群体特征制订相应的广告传播方案。而现实消费当中存在较多消费者不符合品牌目标用户群体特征要求的消费行为，我们将此类消费行为称为不匹配性消费。如虽然收入不符合目标群体的要求，但可以通过信贷购买，提前透支未来收入购买成为品牌用户。在消费者具有购买能力的前提下，企业难以阻止不匹配性消费行为的发生。

不匹配性的类型。不匹配性是通过影响消费者购买行为变量，并与品牌特征变量对比产生的。可以进行匹配比较的因素很多，从消费者角度出发，收入是其社会地位和购买行为的重要影响因素，同时对消费者的支付意愿具有直接影响作用，是品牌划分目标消费者群体的关键因素。而根据匹配性理论，从品牌角度出发，品牌形象是消费者行为的重要驱动因素，也是大众对于品牌的标签认识。它是一个综合性概念，品牌形象的解构包括对应的消费者收入、生活方式、文化教育等诸多因素(Brodie & Whittome, 2009)，可以用来与较多的消费者相关变量进行对比。本研究选择用消费者收入和品牌形象进行比较，即对不匹配性消费的认定是消费者收入高(或低)于品牌形象。

由此，不匹配性消费可以分为两种：消费者收入高于品牌形象和消费者收入低品牌形象。消费者收入高于品牌形象时，对应的日常消费行为是高收入者低消费情境。此时消费者的动机主要是为了产品的材料、功能，主要对应于功能型消费，我们将此类不匹配性消费称为向下功能型消费。而消费者收入低于品牌形象时，则较多对应于低收入者的高消费情境，消费对象较多的是高档品。虽然高档品的品质相对较优，但此时消费者的动机主要是通过品牌传递价值信号，获取他人的社会认同，提升自我形象(Belk, 1984)。品牌的符号价值对应于此功能，因此我们将此类不匹配性消费称为向上符号型消费。不匹配性消费当中，同样品牌产品消费，当消费者的收入不同时，可以被归类为不同类型。但不管何种类型不匹配性消费，一旦引起关注和产生社会影响时，均可以成为社会性消费，只是其产生的影响结果有可能存在差异。

不匹配性消费的影响作用。本书主要研究大众对不匹配性消费的评价，是针对消费者的品牌购买行为，主要从两个方面展开影响结果分析：(1)不匹配性消费对品牌的稀释影响。大众对于消费者的不匹配性消费评价，会过渡到对品牌的评价上。当对消费行为的评价是负面时，从态度构成内容和一致性分析，会对当事品牌形成负面评价，从而稀释品牌影响作用(Keller & Sood, 2003)。而当对消费行为的评价作用是正面时，则同样会对品牌产生积极态度评价，从而增强品牌影响作用；(2)不匹配性消费对消费者形象的影响。消费者通常希望借助消费传递个人价值信号，获取他人认可，从而提升个人社会影响。消费本质上是人们自我的延伸，品牌选择的结果也是人们实际自我与理想自我的匹配，消费行为也是个人价值取向的体现。由此，大众对于消费行为的评价，实际上也是对消费者的态度评价，关系到购买者的消费动机能否达成。当消费行为得到好评时，则有利于消费者形象的提升，帮助消费者获得他人认可。倘若评价负面，则消费行为对个人形象会产生消极影响作用。

4.2.3 消费情理

当消费由私人行为演变成为社会性消费时，大众也会根据社会规范对其进行评价。根植于中国的情理社会，情理是人们的处世原则和对事物合理性的判断标准(翟学伟，2004)。情理是社会规范当中的一种，本研究以情理作为不匹配性消费的评价准则，以下将对消费情理的内涵及其影响作用进行简要论述。

消费情理的内涵。由于情理具有普适性，是中国日常生活当中的行为规范及指导准则，在不同问题的应用上对其理解具有差异性。因此需要结合本研究问题明确其指向内涵：(1)从情理的构成分析，本研究中的“情”与“理”是辩证统一关系，而非二元对立化。“情”原本从属自然性，指人们天然和自发的感情，也即“喜、怒、哀、惧、爱、恶、欲，七者弗学而能”(《礼记·礼运》)，情具有特殊性。而“理”本指自然规则与规律，即应遵从的法则，理具有普遍性。原本对立的关系，在儒家文化“礼”(克己复礼)的作用下逐渐融合成为“情理”(翟学伟，2009)，体现了中国社会对它们不做二元化对立的划分，以期待为人处世时两者兼顾和都不偏废。但同时也需承认的是“情”与“理”的对立面，如“私情”与“公理”的对立。只是这并非本研究切入点，本研究认为情理是“情”与“理”的有机结合，不做区别对待(柏华等，2006)。

(2)从定义理解，情理是行为的价值判断。关于情理的定义大致可以分为两类。法学研究中将情理定义为常识性的正义衡平感(rightness)(汪雄涛，2009)，作为法律调解规则。而社会学研究将情理认作是民俗习惯和礼俗所认定的“是”与“非”，具有社会规范的作用(宋高初，2010)。不同学科的理解都体现出了情理的价值判断功能。

结合情理的构成演变，以及情理的价值判断作用，本研究将消费情理定义为儒家“礼”仪文化基础上的物质消费行为准则，即是对消费行为合适性的价值判断。

儒家倡导的“礼”最初是祭祀、庆典活动的仪式规范，后续演绎成为人们的行为规范，本质上是强调匹配性。由于地位、身份的差异分别对应不同的行为准则，如关于乘车规范中，《明史·志·卷四十一》记载百官乘车之制“凡车不得雕饰龙凤文。职官一品至三品，用间金饰银螭绣带，青缦……庶民车及轿，并用黑油，齐头平顶，皂缦，禁用云头。”《宋史·舆服志》关于服饰色彩的规定为“四品以上紫，六品以上绯，九品以上绿。”礼的影响范围不断扩大，可以体现在日常生活中的各方面，如从王公贵族到庶民百姓，从庭院房子到餐桌礼仪，无不充满着老幼尊卑的情理规范。物质消费的匹配性，强调“衣、食、住、行”要与身份保持一致，即消费情理主张人与物需要保持匹配性(汪雄涛，2009)。

消费情理的影响作用。儒家“礼”中关于物质消费的规范构成社会性消费情理的评价内容，在中国传统文化环境下影响广泛。情理不仅是我们评价他人消费行为合理性的参照标准，也是个人日常生活的消费指南。虽然消费者权益主张在购买能力许可范围之内，消费者拥有购买任何商品的自主决定权(王宁，2001)。但消费情理仍然在潜移默化中指导和规范人们的行为，如消费水平不超越上级，消费内容应该与社会角色相一致等，提倡不进行越位消费。其核心观点是保持消费者与商品间的匹配性，超越消费者身份的购买行为会违背情理，受到他人的负面评价，不利于个人形象的提升。而符合情理的消费行为，则会得到他人的认可，从而有利于提升个人形象。

4.2.4 现有研究评述

根据以上分析，现有文献为本书提供以下研究空间：(1)缺乏对社会性消费的关注。行为外部性是引起他人关注的基础，只有当消费行为产生社会性影响时，才会建立大众、消费者与品牌三者之间的关联网络。较多的研究是从品牌和消费者双方视角展开，以消费动机研究为主。然而社会化媒体时代“众口铄金”趋势增强，第三方对于消费者、企业品牌的影响作用增大，有必要加强第三方对社会性消费的评价研究。(2)不匹配性消费行为的影响作用有待探究。虽然奢侈消费、炫耀消费、面子消费等向上符号消费有较多的研究关注，但其对品牌和消费者会有何影响，较少有研究关注。同样属于不匹配性消费，向下功能消费会产生何种影响作用，鲜有研究涉及。(3)消费情理的研究较少涉及。较多的研究关注社会规范对于消费者的影响作用，但消费情理作为社会规范当中的一种，具有营销背景的特殊性，它是如何指导大众评价不匹配性消费，目前仍缺乏研究关注。

4.3　研究框架与假设

在上述文献分析基础上，为了更好地理解不匹配性消费的影响作用，以及大众如何评价他人消费行为，我们提出了以下理论模型(见图 4-3)。自变量为不匹配的社会性消费，由消费者个人收入和品牌目标消费者群体形象对比产生，分为向上符号消费和向下功能消费两种类型。中介变量为消费情理，即大众对于不匹配性消费的评价标准。因变量是大众对于品牌形象和消费者形象的评价影响，即消费行为对于个人和品牌会产生何种影响。此外对于可能影响评价结果的品牌知名度、产品类别、个人特征等影响因素，我们在本研究中将其作为控制变量。本研究的关注点是传统消费情理下，消费主体和消费客体的匹配性对品牌稀释、个人形象的影响。接下来我们将重点论述各变量间的关系，并提出相关假设。

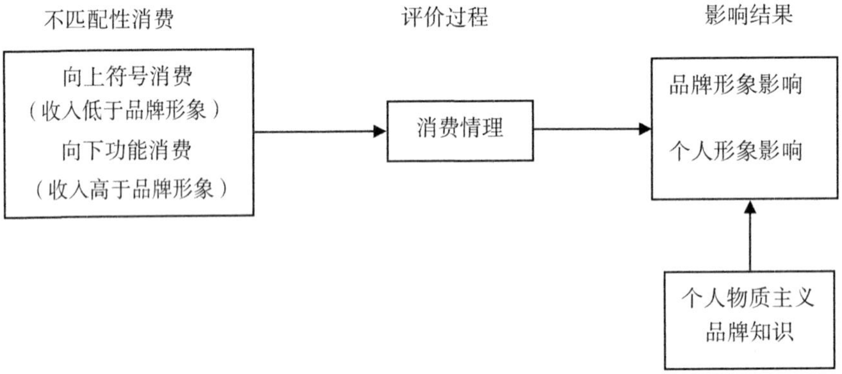

图 4-3　不匹配消费行为评价理论框架图

4.3.1　不匹配消费的影响

不匹配主要是指从用户身份而言，当事消费者不属于品牌目标消费者群体而购买使用品牌产品。根据消费者收入与品牌目标消费者群体形象之间的对比，可以将不匹配消费划分为向上符号消费和向下功能消费两种类型。向上符号消费时，品牌产品销售价格高于消费者合理承受范围，此时的消费动机主要是为了品牌的象征价值，通过消费传递个人价值观、偏好和社会地位等信号。向下功能消费时，品牌销售价格低于消费者合理承受范围。根据量入为出原则，消费者可以消费更高价格产品，而消费者选择一般性价格产品。此时的消费动机主要是为了追求产品的属性和功能。

根据归因理论(Kelley, 1973)，大众对于两种消费行为的印象评价具有较大差异。向上符号消费主要是为了吸引他人关注和获取他人认同，炫耀性成分感知较强。炫耀性的外部动机(ulterior motive)行为，与社会谦逊(modesty)规范相违背(Godfrey, Jones & Lord, 1986)，会被认作不当行为，从而会对个人产生不利影响。而品牌作为帮助消费者实现炫耀性动机的工具，也会一并受到牵连，从而对品牌产生稀释的不利影响。而向下功能消费则是为了通过产品的属性和功能满足生活需求，这是物质主义时代人们日常生活的正常诉求，也是商品的基本功能。高收入者的低消费与社会的节俭规范相一致，会被归因为得当行为，受到他人的认可和赞同。品牌作为满足功能需求的工具，同时也会受到好评。

从品牌身份理论分析，非品牌目标消费者群体(non-core users)大致可以划分为两类人群：品牌移民(brand immigrants)和品牌游客(brand tourist)。移民群体通常被当作占有现有居民的资源和利益者，人们通常由欠发达地区由向发展状况更好的地区移民(如：向欧美移民)，大众对于移民通常具有不好的评价(Esses et al., 1998; McLaren & Johnson, 2007)。品牌移民对应于向上符号消费者，在正常消费情境下，他们应该选择与收入相对等的品牌产品。向上高消费是为了向更高身份群体发展，同理延用大众对于移民的态度评价，向上符号消费行为将会得到负面评价，对消费者和品牌产生不利影响。游客则是受人们欢迎的群体，可以增强当地居民的自豪感，加强居民的地域热爱情结，游客通常会得到较好评价(Tovar & Lockwood, 2008; Alhammad, 2012; Huh & Vogt, 2007)。向下功能消费者对应于品牌游客，他们向下消费可以进一步增强品牌影响力，消费者和品牌都可以得到好评。

根据归因理论和品牌身份理论均可以得出结论，大众对于向上符号消费通常持有负面评价态度，它会对消费者和品牌产生不利影响。而大众对于向下功能消费通常持有正面积极评价，它可以对消费者和品牌产生有利影响。综上，可以提出以下假设：

H1：相对于向上符号消费，大众对于向下功能消费持有较高评价，可以对(a)品牌形象起增强作用，给(b)消费者形象带来积极影响。

H2：相对于向下功能消费，大众对于向上符号消费持有较低评价，会对(a)品牌形象起稀释作用，给(b)消费者形象带来不利影响。

4.3.2　消费情理的中介作用

归因理论和品牌身份理论可以为不匹配消费的影响作用提供直观解释，而不匹配消费的焦点在匹配性上。品牌和消费者都是中立性的，大众对于品牌和消费者的评价也应该是中立性的。品牌身份理论中，大众对于身份类别具有先入为主的认识，而归因理论则是从炫耀层面提供解释。消费情理的匹配思想观点，可以为不匹配消费的影响作用提供更为合适的解释。

消费情理由儒家“礼”文化发展而来，而“礼”本质上体现的是匹配性，认为物质消费等级应与身份相匹配。当今现代文明和物质供给丰富的条件下，阶级观念淡化，消费者权益派观点认为在购买能力承受范围内，消费者具有自主决定购买何种商品的权利。然而作为社会人，社会规范(social norm)的影响是长期存在的，它能规范人们的行为边界，同时也是人们对事物合理性态度评价的依据(范忠信，2011)。“礼”关于物质使用的规范构成了消费情理的内容，其核心思想是主张消费主体(人)与消费客体(物)的匹配性。消费情理并不反对物质消费，相反它主张物质消费是建立个人形象的途径，如“乘车者，君子之位也；负担者，小人之事也”(《汉书·董仲舒传》)，揭示了不同物品分别对应不同的使用群体。

情理思想体现在品牌消费中，即是强调个人消费应该与身份相匹配，也就是说消费者应该与品牌目标消费者群体相匹配，而不匹配消费恰好与消费情理的思想主张相违背。根据越轨理论(deviant behavior theory)的观点，当个人偏离群体所一致认同的观点和偏好时，会引起其他群体成员批评和抵制(Randsley et al.，2011)。在群体规范已经形成共识后，偏离规范者会受到其他成员的强烈抵御和制裁(Marques et al.，1998)。越轨行为即是违背规范的行为，通常会受到规范处罚。向上符号消费和向下功能消费都属于越轨行为，消费者的身份与品牌目标群体均不匹配。但向上符号消费中的不匹配，是低收入者的越级不合理消费，根据情理主张应该购买与其能力相对应的产品。因此向上符号消费与情理相违背，从而会对消费者产生负面影响。而品牌作为不合理工具，也会得到负面评价，对品牌形象具有稀释影响作用。而向下功能消费中的不匹配，是高收入者的节俭合理消费行为。如媒体报道袁隆平院士购买使用经济型轿车，得到网民一致好评，其使用的车型也得到消费者的追捧。向下功能消费行为符合消费情理规范要求，从而对个人形象具有积极影响作用。而此时品牌作为合理行为的帮助工具，会得到他人好评，从而对品牌形象起增强作用。

综上，根据越轨理论分析，可以得出消费情理在不匹配消费的影响评价过程中起中介作用。向上符号型消费违背消费情理，从而对消费者和品牌形象产生负面影响。而向下功能消费符合消费情理，从而对消费者和品牌产生积极影响。由此，提出以下研究假设：

H3：通过消费情理的中介用，(a)向上符号消费行为会对品牌形象产生负面稀释影响，(b)对消费者个人产生不利影响评价。

H4：通过消费情理的中介作用，(a)向下功能消费行为会对品牌形象产生正向增强影响，(b)对消费者个人产生有利影响评价。

4.3.3 控制变量影响

研究二主要分析大众对于不匹配社会性消费的评价机制，它主要受到评判者个人特征和品牌知识两个方面因素的影响。个人特征方面主要是物质主义，物质主义者通常表现为较强的物质欲和占有欲，一方面喜欢通过高档消费来显现自己的成功与社会地位(Eastman et al.，1999)。另一方面在物质主义者的个性特征导向(personality)中，物质主义者通常表现为嫉妒、心胸狭窄、占有欲强等个性特征(Belk，1984；Ger & Belk，1996)。高物质主义者有可能对他人较为苛刻，容易对社会事件形成负面评价，因此需要对此影响加以控制。而品牌知识的多少可以反映大众对于品牌的熟悉程度，会产生因个人的品牌喜爱而影响社会性消费的评价结果，也需对此影响加以控制。

4.4 研究方法

4.4.1 前测

前测主要包括两个目的：一是开发向上符号消费和向下功能消费的实验情

境；二是检验符号消费和功能消费类型判断量表、消费情理等变量量表是否符合统计检验的信度和效度。

4.4.1.1　向上符号消费和向下功能消费的实验情境开发

（1）不匹配的设计。本研究探究的是社会性消费中的不匹配消费行为，然而关于不匹配的界定和测量缺乏理论共识，需要对"不匹配"进行确定。首先，我们以消费者的个人月可支配收入和商品价格作为对比依据。销售价格会为品牌界定合适的目标消费群体范围，形成品牌的目标消费者群体形象，消费者收入会决定他们是不是品牌的目标消费者。将收入与价格对比，可以反映出消费者与品牌是否匹配。其次，对收入与价格之间的不匹配性程度进行设计。收入与消费支出的合理性是一个相对性概念，在小组研讨基础上，设计了 3 倍至 12 倍及 12 倍以上等 10 种情形，并进行了 20 人小组的问卷调查。75%的人认为月可支配收入在品牌价格 8 倍及以上是不匹配的消费行为。

（2）向上符号消费的设计。向上符号消费是消费者低收入，但消费高价格品牌产品，我们将消费者收入和品牌产品销售价格设计在 8 倍或以上。

（3）向下功能消费的设计。向下功能消费是消费者高收入，但消费低价格品牌产品，我们同样将消费者收入和品牌产品销售价格之比设计在 8 倍或以上。

品牌概念（brand concept）揭示，同一产品在有的消费者评价中可以被认作是功能实用品，而有的消费者则将其当作符号象征品（Aaker，1997）。因此产品类别并非向上和向下消费差异的判别依据，收入和价格的不匹配性是主要因素。同一种产品，我们设计两个不同品牌高、低销售价格，并设计高、低收入消费者，由此形成不匹配性消费。我们模仿一般叙述报道的风格对不匹配消费行为进行描述。描述内容包括消费者收入、品牌产品销售价格和消费事件。为确保实验外部效度，选用真实品牌名称和销售价格，但为排除品牌知名度、消费者职业身份等干扰，实验情境对消费者身份、品牌知名度和消费者收入进行了操控。

4.4.1.2　量表的选取及检查

从构念测量来看，"情理"主要是衡量品牌与个人身份是否相匹配，Zhang 和 Jolibert（2003）开发的儒家价值观量表中有"行为和身份匹配"构念的测量语句，同时潘煜、高丽和王方华(2009)关于消费者购买行为研究中证实了该量表的信度和效度。所以借鉴相关量表，稍做修改后形成“情理”量表：该消费行为与其社会地位相匹配；该消费行为与身份相匹配；该品牌与身份相匹配。量表采用7级李克特量表，评分从1~7分别表示“非常不同意”到“非常同意”。

消费类型测量对于他人消费行为类别的感知判断，即对于符号消费和功能消费程度的判断。功能主要是针对产品的实用性，采用 Voss，Spangerberg 和 Grohmann(2003)所开发的量表，修改后形成“功能消费”的测量量表，具体语句为：该消费行为是为了产品效能(effective)；购买该品牌是为了产品效果好(helpful)；购买该品牌是因为产品功能强大(functional)；购买该品牌是为了需要(necessary)；购买该品牌是因为它实用性强(practical)。而“符号消费”则是为了产品的象征价值，借鉴 O'Cass 和 McEwen(2004)的测量量表，修改后形成“符号消费”的测量量表，具体语句为：为了展示自我；为了引人注意；为了获得尊重。采用7级李克特量表，1~7分别表示“非常不同意”到“非常同意”。

品牌稀释是测量消费者购买行为对品牌形象的影响作用。借鉴 Bellezza 和 Keinan(2014)的相关量表，修改后形成“品牌稀释”的测量量表，具体语句为：该消费行为对品牌声誉的影响；该消费行为对品牌形象的影响。采用7级李克特量表，1~7分别表示“极其负面”到“非常正面”。

消费者形象的影响表示消费行为是否能够获取他人认可，即他人对消费者的态度评价。同样借鉴 Bellezza 和 Keinan(2014)的量表，修改后形成“消费者形象”的测量量表，具体语句为：我喜欢他；我对他有好感；我对他有好评。采用7级李克特量表，1~7分别表示“非常不同意”到“非常同意”。

物质主义主要是从个人特征方面测量占有欲、慨慷和忌妒心，主要采用 Belk(1985)所开发的测量量表，修改后形成“物质主义”的测量量表，具体语句为：我喜欢与别人分享自己所拥有的；我不喜欢借东西给别人，就算好朋友也一样；我喜欢向慈善机构捐款；就算便宜的东西被偷，我也会非常伤心；如果需要某东西，我宁愿自己买也不愿跟别人借；在旅行的时候，我喜欢拍很多照片；每当看别人买到他们想要的东西时，我就会觉得厌烦；即使朋友在竞争中做得比我好，我也会为他们感到高兴；当朋友买了我买不起的东西时，我会感到不爽。其中包含几个反向语句，同样采用李克特7级量表，1~7分别表示“非常不同意”到“非常同意”。

4.4.1.3 操控检验

预实验邀请武汉某高校56名学生参加，男生35人，占62.5%；女生21人，占37.5%。被试先填写个人特征测量的物质主义量表；接着阅读一则手机向上符号消费或向下功能消费事件；然后判断消费行为的不匹配性，并填写符号消费和功能消费、品牌稀释、消费者形象量表。

第一，不匹配性程度的检查。让被试判断消费者收入与品牌价格是否匹配，设计了收入高于和低于消费两项语句。在向上符号消费组，$M_{收入高于消费}=2.414$，$M_{收入低于消费}=5.345$，两项得分具有显著差异($T=-4.957$，$p<0.000$)；而在向下功能消费组，$M_{收入高于消费}=5.185$，$M_{收入低于消费}=2.370$，两项得分具有显著差异($T=4.555$，$p<0.000$)。且组间差异也显著，$F_{收入高于消费}=37.876$($p<0.000$)，$F_{收入低于消费}=42.590$($p<0.000$)。这说明被试对于不匹配性的判断符合预期，达到了操控效果。

第二，测量量表检查。(1)效度检验方面。首先，对问卷量表进行KMO和巴利特球形检验，KMO值为0.92，巴利特球形检验的卡方值是284.78，自由度为55，显著性水平小于0.05，数据结果表明适合做因素分析。通过主成分分析法抽取因子，用正交方差极大法进行因素旋转，表明量表具有较好的结构效度。其次，量表经过两名留美营销学博士进行双向翻译，结果表明具有较高的内容效度。(2)信度方面，检验了各变量量表信度，各变量取值见表4-1。

表4-1 **实验前测变量统计指标**

构念	1	2	3	4	5	6
1. 符号消费	1					
2. 功能消费	-0.23	1				
3. 消费情理	-0.27	0.58	1			
4. 品牌稀释	-0.28	0.58	0.67	1		
5. 个人形象	-0.41	0.58	0.65	0.28	1	
6. 物质主义	0.19	-0.48	-0.12	-0.54	-0.21	1

续表

构念	1	2	3	4	5	6
均值	4.16	4.60	3.51	4.67	3.56	2.16
标准差	0.99	0.98	1.37	1.03	1.36	1.01
AVE	0.69	0.65	0.61	0.85	0.88	0.68
CR	0.77	0.87	0.83	0.92	0.96	0.75
Cronbach's a	0.806	0.79	0.84	0.91	0.96	0.74

4.4.2 实验1 相机消费测量

4.4.2.1 研究设计

本实验在武汉某高校邀请66名非营销专业的学生参加，回收有效问卷58份，有效率为87.9%。其中，男性25人；女性33人。实验设计采用向上符号消费行为和向下功能消费行为的组间实验设计，被试被随机分配至某一种情境当中。

(1)实验程序。第一，让被试填写个人物质主义特征测量量表；第二，阅读不匹配消费事件材料，并对不匹配程度进行测量判断；第三，要求被试填写相关问卷，问卷内容包括消费类别感知、情理判断、品牌稀释和个人形象等问项；第四，被试填写个人信息，进行简短答疑。

(2)刺激物。我们选用了相机产品作为刺激物，并选择徕卡(Leica)和明基(BenQ)两个品牌。两个品牌产品销售价格差异较大，徕卡作为向上符号消费品牌对象，Leica M单反相机售价人民币79000元。明基作为向下功能消费品牌对象，BenQ G1相机售价人民币999元。而消费者则是虚拟了赵某作为上班人士，月可支配收入为3500元和35000元两种情形。向上符号消费为月收入3500元购买售价79000元的徕卡相机，向下功能消费为月收入35000元购买售价999元的明基相机。

4.4.2.2 操控检查

按照前测的程序和方法对收入和价格对比的不匹配性感知进行操控检查。其中在向上符号消费组，$M_{收入高于消费}=2.28$，$M_{收入低于消费}=5.48$，两项得分具有显著差异（$T=-5.36$，$p<0.01$）；而在向下功能消费组，$M_{收入高于消费}=4.79$，$M_{收入低于消费}=2.28$，两项得分具有显著差异（$T=3.63$，$p<0.01$），且组间差异也显著，$F_{收入高于消费}=21.75$（$p<0.01$），$F_{收入低于消费}=49.40$（$p<0.01$）（见表 4-2）。这说明被试对不匹配性的判断符合预期，达到了操控效果。

表 4-2　　**实验 1 中组间操控检验数据**

语句	向上符号消费组	向下功能消费组	F 值	P 值
收入高于消费	2.28	4.97	21.75	0.000
收入低于消费	5.48	2.28	49.40	0.000

4.4.2.3　验证性因子分析

根据实验 1 的样本数据对各变量的效度进行了验证性因子分析。模型整体拟合优度符合要求（$\chi^2/df=1.68$，GFI=0.74，CFI=0.87，NFI=0.75，IFI=0.88，RMSEA=0.11）。① 在验证性因子分析中，各变量平均提取方差 AVE 在 0.59 到 0.79 之间，均大于 0.5 的临界值，所以各变量具有较好的收敛效度和区别效度。而且本研究量表均来自成熟研究，经过反复双向翻译最后定稿，具有较好的内容效度。各变量的描述统计信息见表 4-3：

表 4-3　　**实验 1 中变量基本信息总结**

构念	1	2	3	4	5	6
1. 符号消费	1					
2. 功能消费	0.22	1				
3. 消费情理	-0.26	0.26	1			
4. 品牌形象	-0.38	-0.56	0.11	1		

① 已有研究指出 χ^2/df 小于 5（Schumacker & Lomax，1998），GFI、CFI、NFI、IFI 指标超过 0.90，RMSEA 值小于 0.08，就说明该模型是可以接受的（Browne & Cudeck，1989）。

续表

构念	1	2	3	4	5	6
5. 个人形象	-0.18	0.23	0.43	0.30	1	
6. 物质主义	0.14	-0.09	-0.07	-0.23	-0.17	1
均值	3.52	5.26	3.66	4.88	3.87	2.32
标准差	1.44	0.91	1.04	1.19	1.29	1.19
AVE	0.74	0.54	0.61	0.82	0.70	0.53
CR	0.89	0.83	0.82	0.9	0.87	0.62
Cronbach's a	0.90	0.82	0.81	0.93	0.87	0.52

4.4.2.4 假设检验

(1)向上符号消费的影响作用。在向上符号消费组，被试对符号消费感知均值为 $M_{向上符号}=4.15$，$T(28)=18.46$，$P<0.01$(见表 4-4)。而对功能消费感知均值为 $M_{向下功能}=5.26$，$T(28)=31.73$，$P<0.01$。符号消费感知显著小于功能消费感知($M_{符号-功能}=-1.11$，$T(28)=63.18$，$P<0.01$)，与预期不一致，有可能是受实验产品因素的影响。而对品牌形象评价均值为 $M_{向上品牌}=4.55$，$T(28)=21.27$，$P<0.01$。对个人形象评价均值为 $M_{向上个人}=3.40$，$T(28)=14.32$，$P<0.000$。从数据中可以看出向上符号消费组中品牌形象评价的均值小于总体均值($M_{总体品牌}=4.88$)，但在中间值 4 以上，不能证明向上符号消费会对品牌形象产生负面影响。但对个人形象影响中，均值小于总体均值($M_{总体个人}=3.87$)，并且在中间值 4 以下，可以说明向上符号消费对个人形象产生负面影响。假设 H1a 没有得到支持，而假设 H1b 则成立。

表 4-4 **实验 1 中变量均值比较**

构念	向上符号消费组	向下功能消费组	组间 F 值	P 值
1. 符号消费	4.15	2.89	13.75	0.000
2. 功能消费	5.26	5.25	0.00	0.954
3. 消费情理	3.25	4.06	10.16	0.002

续表

构念	向上符号消费组	向下功能消费组	组间 F 值	P 值
4. 品牌形象	4.55	5.21	4.68	0.035
5. 个人形象	3.40	4.34	8.824	0.004

(2)向下功能消费的影响作用。在向下功能消费组，被试对功能消费感知均值为 $M_{向下功能}=5.25$，$T(28)=30.19$，$P<0.01$(见表 4-4)。而对符号消费感知均值为 $M_{向下符号}=2.89$，$T(28)=11.25$，$P<0.01$。符号消费感知显著小于功能消费感知($M_{符号-功能}=-2.36$，$T(28)=-10.42$，$P<0.01$)，进一步证明了实验操控的正确性。而对品牌形象评价均值为 $M_{向下品牌}=5.21$，$T(28)=24.31$，$P<0.01$，高于总体均值($M_{总体品牌}=4.88$)，并且在中间值 4 以上，对个人形象评价均值为 $M_{向下个人}=4.34$，$T(28)=20.67$，$P<0.01$，也同样高于总体均值($M_{总体个人}=3.87$)，同样在中间值 4 以上，能够证明向下功能消费对品牌形象、个人形象会产生积极评价，假设 H2a 和 H2b 均成立。

但对两个小组进行对比可以发现，品牌形象($F=4.68$，$P<0.035$)、个人形象($F=8.824$，$P<0.000$)的评价中，向下功能消费显著高于向上符号消费组，如图 4-4 所示。

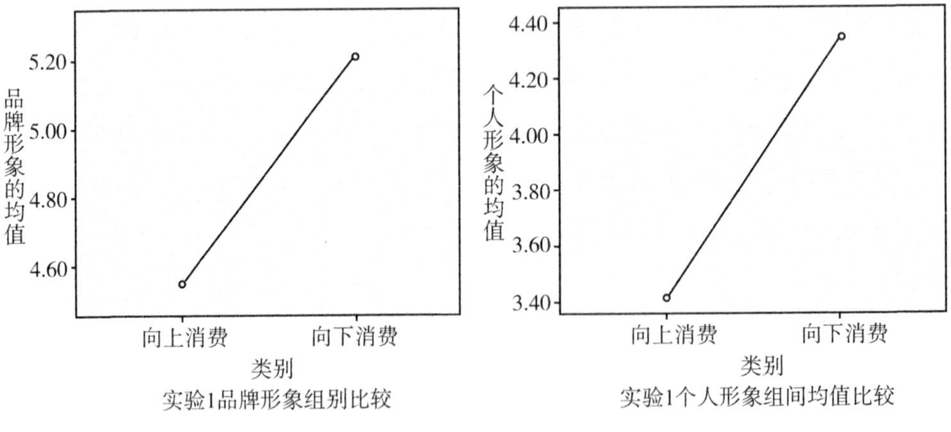

图 4-4　向下功能消费组与向上符号消费组的评价对比

(3)消费情理感知差异。向上符号消费组对消费情理感知均值为 $M_{向上情理}=$

3.25，而向下功能消费组对消费情理感知均值为 $M_{向下情理}=4.06$，可以看出向下功能消费组显著高于向上符号消费组（$F=10.16$）。两组之间关于情理的评价具有显著差异性，说明不同消费行为的情理规范具有差异。

4.4.2.5 实验1小结

实验1初步验证了向上符号消费和向下功能消费会产生不同的影响作用，不匹配性的向上符号消费行为会对消费者个人产生不利的社会影响，但未能支持其对品牌形象的负面影响，假设H1a未能得到验证。而向下功能消费会对消费者个人和品牌带来有利评价影响，假设H2得到了支持验证。但实验1存在三个方面的不足之处：(1)情理的中介效应作用有待检验。由于样本数量较小，只适合进行方差检验分析，实验2进一步扩大样本量，以便进行回归中介效应检验。(2)产品类别有待进一步拓展。相机属于功能实用品，其他产品的不匹配性消费是否会产生同样影响作用，即研究信度有待进一步检验。(3)向上符号消费对品牌的稀释影响有待进一步证实。

4.4.3 实验2 皮包消费测验

在实验1的基础上，实验2有三个目标：(1)进一步检验向上符号消费和向下功能消费的影响作用，验证H1和H2；(2)检验消费情理的中介影响作用，验证H3和H4；(3)更换产品类别，进一步提升研究信度。

4.4.3.1 研究设计

本实验仍在武汉某高校进行，邀请了60名非营销专业的学生参加，以课程学分作为奖励。回收有效问卷57份，有效率为95%。其中，男性27人，女性30人。实验设计同样采用向上符号消费行为和向下功能消费行为的组间实验设计，被试采取被随机分配至两种消费情境的原则。

(1)实验程序。与实验1类似，首先，由被试填写个人物质主义特征测量量表；其次，让被试阅读不匹配消费事件材料，并对不匹配程度进行测量判断；再次，被试填写符号消费、功能消费、情理判断、品牌稀释、个人形象和品牌知识等问项；最后，被试填写个人背景信息。

(2)刺激物。我们选用了皮包产品作为刺激物，选择香奈儿(Chanel)和珑骧(Longchamp)两个品牌作为实验品。两个品牌产品在市场知名度上具有较大差别，香奈儿具有较高品牌知名度，而后者相对较低。在销售价格上也有较大差异，香奈儿作为向上符号消费品牌对象，Chanel 黑色荔枝牛皮 CF 单肩包售价人民币 34999 元。珑骧作为向下功能消费品牌对象，Longchamp 长柄单肩包售价人民币 588 元。同样虚拟了赵某作为上班人士，月可支配收入为 3500 元和 35000 元两种情形。向上符号消费为月收入 3500 元购买售价 34999 元的 Chanel 黑色荔枝牛皮 CF 单肩包，向下功能消费为月收入 35000 元购买售价 588 元的 Longchamp 长柄单肩包。

4.4.3.2　操控检查

按照前测的程序和方法对收入和价格对比的不匹配性感知进行操控检查。其中在向上符号消费组，$M_{收入高于消费}=2.97$，$M_{收入低于消费}=5.03$，两项得分具有显著差异($T=-2.72$，$p<0.01$)；而在向下功能消费组，$M_{收入高于消费}=5.04$，$M_{收入低于消费}=2.46$，两项得分具有显著差异($T=4.34$，$p<0.01$)，且组间差异也显著，$F_{收入高于消费}=14.863$($p<0.01$)，$F_{收入低于消费}=27.25$($p<0.01$)(见表 4-5)。这说明被试对不匹配性的判断符合预期，达到了操控效果。

表 4-5　　**实验 2 中组间操控检验数据**

语句	向上符号消费组	向下功能消费组	*F* 值	*P* 值
收入高于消费	2.97	5.04	14.86	0.000
收入低于消费	5.03	2.46	27.25	0.000

4.4.3.3　验证性因子分析

根据实验 2 的样本数据对各变量的效度进行了验证性因子分析。经检验模型整体拟合优度符合要求($\chi^2/df=1.98$，GFI=0.72，CFI=0.88，NFI=0.78，IFI=

0.88，RMSEA=0.13）。① 在验证性因子分析中，各变量平均提取方差 AVE 在 0.59 到 0.79 之间，均大于 0.5 的临界值，表明各变量具有较好的收敛效度和区别效度。而且本研究量表均来自成熟研究，经过反复双向翻译最后定稿，具有较好的内容效度。各变量的描述统计信息见表 4-6：

表 4-6　　**实验 2 中变量基本信息总结**

构念	1	2	3	4	5	6
1. 符号消费	1					
2. 功能消费	−0.61	1				
3. 消费情理	−0.67	0.77	1			
4. 品牌形象	−0.50	0.67	0.70	1		
5. 个人形象	−0.56	0.69	0.76	0.65	1	
6. 物质主义	−0.07	0.02	−0.42	−0.16	0.13	1
均值	4.35	4.34	3.96	4.67	3.42	2.08
标准差	1.21	1.25	1.53	1.45	1.29	1.02
AVE	0.52	0.61	0.73	0.94	0.75	0.63
CR	0.74	0.88	0.89	0.97	0.90	0.77
Cronbach's a	0.77	0.88	0.90	0.97	0.89	0.73

4.4.3.4　假设检验

（1）向上符号消费的影响作用。在向上符号消费行为组中，被试对符号消费感知均值为 $M_{向上符号}=4.85$，$T(28)=24.82$，$P<0.01$（见表 4-7）。而对功能消费感知均值为 $M_{向上功能}=3.58$，$T(28)=17.46$，$P<0.01$。功能消费感知显著小于符号消费感知（$M_{符号-功能}=1.27$，$T(28)=4.10$，$P<0.01$），进一步证明了实验操控的正确性。而对品牌形象评价均值为 $M_{向上品牌}=3.79$，$T(28)=16.07$，$P<0.01$，低于总体均值（$M_{总体品牌}=4.67$），并且在中间值 4 以下，说明向上符号消费对品牌

① 已有研究指出 χ^2/df 小于 5（Schumacker & Lomax，1998），GFI、CFI 、NFI、IFI 指标超过 0.90，RMSEA 值小于 0.08，就说明该模型是可以接受的（Browne & Cudeck，1989）。

形象具有负面影响作用。对个人形象评价均值为 $M_{向上个人}=2.71$，$T(28)=11.43$，$P<0.01$，低于总体均值($M_{总体品牌}=3.42$)，同样在中间值4以下，进一步支持了向上符号消费对消费者个人形象的负面影响作用。由此可以看出，假设H1a和H1b均得到验证。

表4-7　　　　实验2中变量均值比较

构念	向上符号消费组	向下功能消费组	组间 F 值	P 值
1. 符号消费	4.85	3.82	12.49	0.001
2. 功能消费	3.58	5.13	35.48	0.000
3. 消费情理	2.92	5.05	52.81	0.000
4. 品牌形象	3.79	5.57	34.12	0.000
5. 个人形象	2.71	4.15	25.27	0.000

(2)向下功能消费的影响作用。在向下功能消费组，被试对功能消费感知均值为 $M_{向下功能}=5.13$，$T(27)=32.44$，$P<0.01$(见表4-7)。而对符号消费感知均值为 $M_{向上符号}=3.82$，$T(27)=17.65$，$P<0.01$。符号消费感知显著小于功能消费感知($M_{符号-功能}=-1.31$，$T(27)=-4.54$，$P<0.01$)，同样可以证明实验操控的正确性。而对品牌形象评价均值为 $M_{向下品牌}=5.57$，$T(27)=29.29$，$P<0.01$，高于总体均值($M_{总体品牌}=4.67$)，说明向下功能消费对品牌形象具有正面影响作用。对个人形象评价均值为 $M_{向下个人}=4.15$，$T(27)=26.37$，$P<0.01$，高于总体均值($M_{总体品牌}=3.42$)，并且在中间值4以上，进一步支持了向下功能消费对消费者个人形象的正面影响作用。实验2的数据进一步验证了假设H2a和H2b，并且向下功能消费组在品牌形象($F=34.12$，$P<0.000$)、个人形象($F=25.27$，$P<0.000$)的评价方面要显著高于向上符号消费组(见图4-5)。

(3)消费情理的中介作用。由表4-7中的数据可以看出向上符号消费组对消费情理感知均值为 $M_{向上情理}=2.92$，而向下功能消费组对消费情理感知均值为 $M_{向下情理}=5.05$，向下组显著高于向上组($F=52.81$)。这与预期假设相一致，两组之间关于情理的评价具有显著差异性，说明了不同消费行为的情理规范具有差异。

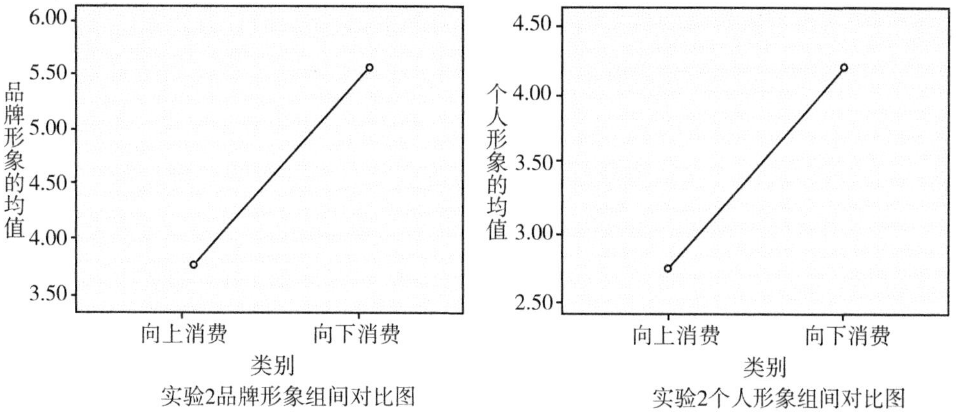

图 4-5　向下功能组与向上符号组的评价对比

通过对比实验 1 和实验 2 中的数据(见表 4-8)，发现在品牌形象感知均值 $M_{实验1}=4.88$ 和 $M_{实验2}=4.67$ 之间没有显著差异($F=0.74$，$P<0.391$)；个人形象感知均值 $M_{实验1}=3.87$ 和 $M_{实验2}=3.42$ 之间没有显著差异($F=3.524$，$P<0.063$)；消费情理感知均值 $M_{实验1}=3.66$ 和 $M_{实验2}=3.96$ 之间没有显著差异($F=1.616$，$P<0.206$)。说明了产品类别差异对因变量结果影响不显著，两次实验数据可以进行合并。

表 4-8　　**实验 1 与实验 2 中变量均值比较**

构念	实验 1	实验 2	组间 F 值	P 值
1. 符号消费	3.52	4.35	11.18	0.001
2. 功能消费	5.26	4.34	20.28	0.000
3. 消费情理	3.66	3.96	1.616	0.206
4. 品牌形象	4.88	4.67	0.741	0.391
5. 个人形象	3.87	3.42	3.524	0.063

采用回归分析法检验消费情理对品牌形象影响的中介作用，回归分析的具体数据见表 4-9。在模型 1 中符号消费感知对品牌影响评价具有显著负向影响($\beta=-0.25$)，而功能消费感知对品牌评价影响具有显著正向影响($\beta=0.45$)。从模型

2 中可以看出，符号消费感知对消费情理具有显著负向影响作用($\beta=-0.17$)，而功能消费感知对消费情理具有显著正向影响作用($\beta=0.46$)。这也进一步说明了向上符号消费对品牌形象具有消极影响作用，而向下功能消费对品牌形象具有积极影响作用，H1a 和 H1b 进一步得到验证。而模型 1 和模型 3 比较，当消费情理进入回归模型后，符号消费感知、功能消费感知对品牌影响评价的回归系数减小，但是消费情理的回归系数依然显著。而且模型 1 和模型 3 中回归系数的减小是显著的($T_{符号消费}=-2.68$，$P<0.01$；$T_{功能消费}=3.43$，$P<0.01$)。模型 1 和模型 3 中 R^2 的增加也是显著的($F(2, 112)=16.75$，$P<0.01$)。综上所述，H3a 和 H3b 得到支持。

模型 4 中加入控制变量个人物质主义和品牌知识影响后，各变量仍然显著。并且控制变量对因变量的影响均不显著，进一步说明了结论的可靠性。

表 4-9　　　　**消费情理对品牌形象影响的中介检验**

	模型 1	模型 2	模型 3	模型 4
	品牌形象	消费情理	品牌形象	品牌形象
符号消费	-0.25^{***}	-0.17^{**}	-0.21^{***}	-0.22^{***}
功能消费	0.45^{***}	0.46^{***}	0.34^{***}	0.34^{***}
消费情理			0.23^{**}	0.23^{**}
物质主义				-0.11(NS)
品牌知识				0.12(NS)
R^2	0.26	0.22	0.29	

注：* 表示 $p<0.1$，** 表示 $p<0.05$，*** 表示 $p<0.01$。

采用回归分析法检验消费情理对个人形象影响的中介作用，回归分析的具体数据见表 4-10。在模型 1 中符号消费感知对个人形象评价具有显著负向影响($\beta=-0.16$)，而功能消费感知对个人形象评价具有显著正向影响($\beta=0.57$)。从模型 2 中可以看出，符号消费感知对消费情理具有显著负向影响作用($\beta=-0.17$)，而功能消费感知对消费情理具有显著正向影响作用($\beta=0.46$)。这也进一步说明了向上符号消费对个人形象具有消极影响作用，而向下功能消费对个人形象具有积极影响作用，H2a 和 H2b 进一步得到验证。而模型 1 和模型 3 比较，当消费情理进入回归模型后，符号消费感知影响作用消失（$\beta=-0.12$，$P<0.107$），功能消费感知对个人形象评价影响的回归系数显著减小（$T_{功能消费}=4.92$，$P<0.01$），但是消费情理的回归系数依然显著，说明向上符号消费在对个人形象的影响作用中，消费情理起到了完全中介作用。而在向下功能消费对个人形象的影响作用中，消费情理起着部分中介作用。模型 1 和模型 3 中 R^2的增加也是显著的（$F(2, 162)=23.63$，$P<0.01$）。综上所述，H4a 和 H4b 得到支持。

模型 4 中加入控制变量个人物质主义和品牌知识影响后，结论依然成立，并且控制变量影响不显著，对模型解释度没有影响，进一步说明了结论的可靠性。

表 4-10　　**消费情理对个人形象影响的中介检验**

	模型 1	模型 2	模型 3	模型 4
	个人形象	消费情理	个人形象	个人形象
符号消费	-0.16^{**}	-0.17^{**}	-0.12	-0.12
功能消费	0.57^{***}	0.46^{***}	0.46^{***}	0.46^{***}
消费情理			0.26^{***}	0.26^{***}
物质主义				0.03（$P=0.702$）
品牌知识				0.05（$P=0.384$）
R^2	0.33	0.22	0.37	0.37

注：* 表示 $p<0.1$，** 表示 $p<0.05$，*** 表示 $p<0.01$。

4.4.3.5 实验 2 小结

实验 2 进一步验证了 H1 和 H2，说明了不匹配性的向上符号消费行为会对品牌和个人形象产生负面影响作用，而向下功能消费会对消费者个人和品牌带来有利影响。并且证实了消费情理的中介影响作用，H3 和 H4 也得到了验证。

但实验 2 存在以下可以扩展之处：（1）实验被试以学生为主，应该补充不同样本群体，以提升研究结论的可信度。（2）继续扩大产品价值，检验不同价格产品对研究结论的影响，以提升研究信度。

4.4.4　实验 3　汽车消费测量

在实验 1 和实验 2 的基础上，实验 3 有 3 个目标：(1)进一步检验不匹配消费的影响作用，验证假设 H1 和 H2；(2)进一步验证消费情理的中介影响作用，巩固研究结论；(3)更换产品类别，从而提升研究结论的普适性。

4.4.4.1　研究设计

本实验以真实消费者为对象，采取街边拦截访问形式进行，对于每名合格参与者提供 10 元报酬。共有 65 名参与者，回收有效问卷 50 份，有效率为 76.9%。其中，男性 26 人，女性 24 人。实验设计同样采用向上符号消费行为和向下功能消费行为的组间实验设计，被试采取被随机分配至两种消费情境的原则。

(1)实验程序。与实验 1、实验 2 类似，首先，被试填写个人物质主义特征测量量表；其次，被试阅读不匹配消费事件材料，并对不匹配程度进行测量判断；再次，被试填写符号消费、功能消费、情理判断、品牌稀释、个人形象和品牌知识等问项；最后，被试填写个人背景信息。

(2)刺激物。我们选用了汽车产品作为刺激物，宝马(BMW)和长城哈弗(Haval)两个品牌作为实验品。两个品牌产品都为人熟知，但在销售价格上差异较大。宝马作为向上符号消费品牌对象，宝马 5 系 525Li(领先型)售价人民币 466600 元。长城哈弗作为向下功能消费品牌对象，哈弗 H5 2.0T(精英型)SUV 售价人民币 107800 元。同样虚拟了赵某作为上班人士，月可支配收入为 5000 元和 50000 元两种情形。向上符号消费为月收入 5000 元购买售价 466600 元的宝马 5 系 525Li(领先型)，向下功能消费为月收入 50000 元购买售价 107800 元的哈弗 H5 2.0T(精英型)SUV。

4.4.4.2　操控检查

按照前测的程序和方法对收入和价格对比的不匹配性感知进行操控检查。其中在向上符号消费组，$M_{收入高于消费}=2.52$，$M_{收入低于消费}=5.26$，两项得分具有显著差异($T=-4.14$，$p<0.01$)；而在向下功能消费组，$M_{收入高于消费}=4.52$，$M_{收入低于消费}=3.52$，两项得分具有显著差异($T=1.22$，$p=0.24$)，且组间差异也显

著，$F_{收入高于消费}=13.26(p<0.01)$，$F_{收入低于消费}=10.78(p<0.01)$（见表 4-11）。这说明被试对于不匹配性的判断符合预期，达到了操控效果。

表 4-11　**实验 3 中组间操控检验数据**

语句	向上符号消费组	向下功能消费组	F 值	P 值
收入高于消费	2.52	4.52	13.26	<0.001
收入低于消费	5.26	3.52	10.78	<0.002

4.4.4.3 验证性因子分析

根据实验 2 中样本数据对各变量的效度进行了验证性因子分析。经检验模型整体拟合优度符合要求（χ^2/ df=1.54，GFI=0.72，CFI=0.85，NFI=0.69，IFI=0.86，RMSEA=0.11）。① 在验证性因子分析中，各变量平均提取方差 AVE 在 0.59 到 0.79 之间，均大于 0.5 的临界值，所以各变量具有较好的收敛效度和区别效度。而且本研究量表均来自成熟研究，经过反复双向翻译最后定稿，具有较好的内容效度。各变量的描述统计信息见表 4-12。

表 4-12　**实验 3 中变量基本信息总结**

构念	1	2	3	4	5	6
1. 符号消费	1					
2. 功能消费	−0.38	1				
3. 消费情理	−0.30	0.26	1			
4. 品牌形象	−0.51	0.32	0.61	1		
5. 个人形象	−0.55	0.32	0.25	0.09	1	
6. 物质主义	0.17	−0.24	−0.21	−0.10	−0.11	1
均值	4.29	5.02	3.53	4.66	3.52	2.17
标准差	1.26	0.88	1.16	1.08	1.25	0.95

① 已有研究指出 χ^2/ df 小于 5（Schumacker & Lomax，1998），GFI、CFI、NFI、IFI 指标超过 0.90，RMSEA 值小于 0.08，就说明该模型是可以接受的（Browne & Cudeck，1989）。

续表

构念	1	2	3	4	5	6
AVE	0.68	0.40	0.66	0.66	0.75	0.54
CR	0.86	0.75	0.85	0.80	0.90	0.64
Cronbach's a	0.88	0.75	0.83	0.80	0.89	0.52

4.4.4.4　假设检验

(1)向上符号消费的影响作用。在向上符号消费组，被试对符号消费感知均值为 $M_{向上符号}=4.85$，$T(26)=24.26$，$P<0.01$(见表 4-13)。而对功能消费感知均值为 $M_{向上功能}=4.93$，$T(26)=63.18$，$P<0.01$。但功能消费感知却高于符号消费感知，说明了汽车产品功能类别的影响作用突显。而在此影响下，对品牌形象评价均值为 $M_{向上品牌}=4.11$，$T(26)=24.56$，$P<0.01$，同样低于总体均值($M_{品牌形象}=4.66$)，均高于中间值 4，假设 H1a 只能得到部分支持。对个人形象评价均值为 $M_{向上个人}=2.99$，$T(26)=14.19$，$P<0.01$，同样低于总体均值($M_{个人形象}=3.52$)，低于中间值 4 较多，假设 H1b 得到完全支持。

表 4-13　**实验 3 中变量均值比较**

构念	向上符号消费组	向下功能消费组	组间 F 值	P 值
1. 符号消费	4.85	3.62	15.362	0.000
2. 功能消费	4.93	5.12	0.612	0.438
3. 消费情理	2.94	4.23	21.85	0.000
4. 品牌稀释	4.11	5.30	21.47	0.000
5. 个人形象	2.99	4.14	13.39	0.001

(2)向下功能消费的影响作用。在向下功能消费组，被试对功能消费感知均值为 $M_{向下功能}=5.12$，$T(22)=30.47$，$P<0.000$(见表 4-13)。而对符号消费感知均值为 $M_{向上符号}=3.62$，$T(22)=14.76$，$P<0.01$。符号消费感知显著小于功能消费感知($M_{符号-功能}=-1.50$，$T(22)=-5.52$，$P<0.01$)，进一步证明了实验操控的正

确性。而对品牌形象评价均值为 $M_{向下品牌}=5.30$，$T(22)=26.77$，$P<0.01$，高于总体均值（$M_{品牌形象}=4.66$），假设 H2a 得到完全支持。对个人形象评价均值为 $M_{向下个人}=4.14$，$T(22)=17.49$，$P<0.01$，同样高于总体均值（$M_{个人形象}=3.52$），在中间值 4 以上，假设 H2b 得到完全支持。向下功能组与向上符号组的评价对比见图 4-6。

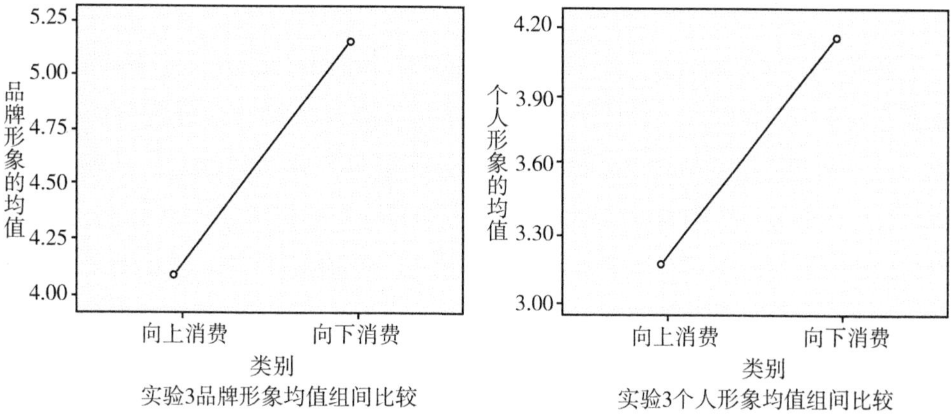

图 4-6 向下功能组与向上符号组的评价对比

（3）消费情理的中介作用。由表 4-13 中的数据可以看出向上符号消费组对消费情理感知均值为 $M_{向上情理}=2.94$，而向下功能消费组对消费情理感知均值为 $M_{向下情理}=4.23$，向下功能消费组显著高于向上符号消费组（$F=21.85$）。两组之间关于情理的评价具有显著差异性，说明了不同消费行为的情理规范具有差异。

经过对比 3 组的数据（见表 4-14），发现品牌稀释感知均值的组间差异不显著（$F=0.55$），个人形象影响感知也没有显著差异（$F=1.77$），消费情理感知也无差异（$F=1.687$）。同样说明了产品类别差异对结果影响不显著，三次实验数据可以进行合并。

表 4-14 **实验 1、实验 2、实验 3 中变量均值比较**

构念	实验 1	实验 2	实验 3	组间 F 值	P 值
1. 符号消费	3.51	4.35	4.29	7.008	0.001

续表

构念	实验 1	实验 2	实验 3	组间 F 值	P 值
2. 功能消费	5.26	4.34	5.02	12.091	0.000
3. 消费情理	3.66	3.96	3.53	1.687	0.188
4. 品牌稀释	4.88	4.67	4.66	0.555	0.575
5. 个人形象	3.87	3.42	3.52	1.977	0.142

采用回归分析法检验消费情理对品牌稀释影响的中介作用，回归分析的具体数据见表 4-15。在模型 1 中符号消费感知对品牌评价具有显著负向影响($\beta=-0.25$)，而功能消费感知对品牌评价具有显著正向影响($\beta=0.42$)。从模型 2 中可以看出，符号消费感知对消费情理具有显著负向影响作用($\beta=-0.18$)，而功能消费感知对消费情理具有显著正向影响作用($\beta=0.40$)。这进一步说明了向上符号消费对品牌形象具有消极影响作用，而向下功能消费对品牌形象具有积极影响作用，H1a 和 H1b 仍能得到验证支持。而模型 1 和模型 3 比较，当消费情理进入回归模型后，符号消费感知、功能消费感知对品牌形象影响评价的回归系数减小，但是消费情理的回归系数依然显著。而且模型 1 和模型 3 中回归系数的减小是显著的($T_{符号消费}=-3.24$，$P<0.01$；$T_{功能消费}=3.80$，$P<0.01$)。模型 1 和模型 3 中 R^2 的增加也是显著的($F(2,\ 162)=24.87$，$P<0.01$)。综上所述，H3a 和 H3b 得到验证。

表 4-15　**消费情理对品牌形象影响的中介检验**

	模型 1	模型 2	模型 3	模型 4
	品牌稀释	消费情理	品牌稀释	品牌稀释
符号消费	-0.25^{***}	-0.18^{**}	-0.20^{***}	-0.20^{***}
功能消费	0.42^{***}	0.40^{***}	0.31^{***}	0.30^{***}
消费情理			0.28^{**}	0.28^{**}
物质主义				-0.07(NS)
品牌知识				0.31(NS)
R^2	0.24	0.17	0.30	0.30

注：* 表示 $p<0.1$，** 表示 $p<0.05$，*** 表示 $p<0.01$。

模型 4 中加入控制变量个人物质主义和品牌知识影响后，结论依然成立，并且控制变量影响不显著，对模型解释度没有影响，进一步说明了结论的可靠性。

采用回归分析法检验消费情理对个人形象影响的中介作用，回归分析的具体数据见表 4-16。在模型 1 中符号消费感知对个人形象评价具有显著负向影响($\beta=-0.27$)，而功能消费感知对个人形象评价具有显著正向影响($\beta=0.49$)。从模型 2 中可以看出，符号消费感知对消费情理具有显著负向影响($\beta=-0.18$)，而功能消费感知对消费情理具有显著正向影响($\beta=0.40$)。这也进一步说明了向上符号消费对个人形象具有消极影响作用，而向下功能消费对个人形象具有积极影响作用，H2a 和 H2b 进一步得到验证支持。而模型 1 和模型 3 比较，当消费情理进入回归模型后，符号消费感知、功能消费感知对个人形象影响评价的回归系数减小，但是消费情理的回归系数依然显著。而且模型 1 和模型 3 中回归系数的减小是显著的($T_{符号消费}=-3.56$，$P<0.01$；$T_{功能消费}=4.78$，$P<0.01$)。模型 1 和模型 3 中 R^2 的增加也是显著的($F(2,\ 162)=29.95$，$P<0.01$)。综上所述，H4a 和 H4b 得到验证。

模型 4 中加入控制变量个人物质主义和品牌知识影响后，结论依然成立，并且控制变量影响不显著，对模型解释度反而降低，进一步说明了结论的可靠性。

表 4-16　　**消费情理对个人形象影响的中介检验**

	模型 1	模型 2	模型 3	模型 4
	个人形象	消费情理	个人形象	个人形象
符号消费	-0.27***	-0.18**	-0.22***	-0.23**
功能消费	0.49***	0.40***	0.38***	0.38***
消费情理			0.27***	0.27***
物质主义				0.01(NS)
品牌知识				0.33 (NS)
R^2	0.29	0.17	0.35	0.34

注：* 表示 $p<0.1$，** 表示 $p<0.05$，*** 表示 $p<0.01$。

4.4.4.5　实验 3 小结

实验 3 中产品价格和消费者收入调整的情境下，H1 和 H2 进一步得到了验证，表明不匹配的向上符号消费行为会对品牌形象和个人形象产生负面影响作用，而不匹配的向下功能消费会对消费者个人和品牌带来有利影响，并且进一步证实了消费情理的中介影响作用，H3 和 H4 也进一步得到验证。这些均证明了本研究结论的可靠性。

4.5　研究小结

研究二通过三个实验，对不匹配消费行为的影响作用以及消费情理的中介作用进行了检验分析。研究发现向上符号消费被归因为不合适的越轨行为，不符合消费情理，从而会对品牌和个人形象会产生负面影响作用。而向下功能消费属于合适的越轨消费行为，从而会对品牌和个人形象产生积极影响作用。三个实验产品类别包括皮包、汽车和相机，所得结论具有一致性，从而可以提升研究的效度和信度。

然而是否存在调节变量，会对向上符号消费和向下功能消费的影响作用具有增强或削弱作用，是值得进一步探究的问题。研究三在此基础上，将进一步全面揭示不匹配消费的影响作用机制。

第 5 章 研究三 规范意识和从众归因对不匹配社会性消费评价的调节影响

5.1 引言

5.1.1 问题提出

5.1.1.1 不匹配消费的影响作用

“相得益彰”是品牌和消费者之间关系的理想局面(Parker, 2009)。品牌的功能和符号价值可以帮助消费者提升自我形象，获取群体认同感，从而实现购买动机(Cialdini & Goldstein, 2004)；而消费者通过品牌使用，可以展示品牌价值和提升品牌社会影响力，为品牌用户群体形象的建立增添色彩。品牌与消费者之间良好互补关系循环，是企业营销工作所努力实现的目标。然而，研究二已经证实当消费者特征与品牌拟定目标消费者群体形象不符合并发生不匹配消费行为时，会对品牌与消费者间关系产生双重影响。

(1)不匹配消费对品牌的影响。不匹配消费可以划分为向上符号消费和向下功能消费两种类型。对于向上符号消费，由于消费者的正常价格承受能力远远低于商品价格，购买行为违背消费情理，其行为会导致社会批评(Kruglanski & Webster, 1991; Levine, 1989; Miller & Anderson, 1979; Schachter, 1951)。品牌作为行为工具，也会连带受到不好评价，从而会对品牌产生负面稀释影响作用(Bellezza & Keinan, 2014)；对于向下功能消费，由于消费者具有高消费能力，而购买普通功能品牌，属于节俭消费行为(Arnould & Thompson, 2005; Brooks,

1981；Holt，1998；Peterson & Kern，1996；Solomon，1999）。其行为符合消费情理，会受到社会赞同，此行为也会给品牌带来良好社会影响，从而增强品牌形象。

（2）不匹配消费对消费者的影响。不匹配消费行为的消费者可以分为品牌游客（brand tourist）和品牌移民（brand immigrant）两类，都属于非品牌核心用户（non-core users）。品牌游客是出于欣赏目的而购买产品（Bellezza et al.，2014），其行为与品牌规范相符合，从而能够得到品牌核心消费者群体的认同。与向下功能消费行为注重产品属性、实用价值的特点相一致，因此品牌游客多对应向下功能消费者，从消费情理角度看他们的行为也会受到好评，从而有助于获取社会认同。而品牌移民通常以价值掠夺为目的购买产品，将品牌作为炫耀工具，难以获得品牌核心消费群体的认同（Balabanis & Diamantopoulos，2008）。与向上符号消费行为注重产品象征、展示价值相对应，品牌移民多为向上符号消费者。其收入与品牌核心群体特征不匹配的消费行为，不符合消费情理，从而难以得到社会认可（Miller & Anderson，1979）。它们虽然同属不匹配消费行为，但却会给消费者带来截然不同的社会影响。

5.1.1.2 调节变量对不匹配消费的评价影响

不匹配消费违反情理，属于越轨行为，对越轨偏向的归因会决定积极或消极的影响结果。向上符号消费被归因为不得当的越轨行为，从而对个人和品牌产生负面影响；而向下功能消费被归因为合适的越轨行为，能为个人和品牌带来积极影响。因此，越轨偏向（Marques et al.，1998）的认定将会决定不匹配消费的影响结果。规范（norm）是人们对社会性消费评价的依据，消费情理只是规范的一种形式，它表现为大众对于人与物匹配性的约定俗成的期望。

根据从众理论观点人们对于规则、规范的遵从，从收益角度是为了得到社会认同和获取地位，而从成本角度则是为了避免群体排斥和惩罚（Levine，1989；Miller & Anderson，1979）。对于规范的理解和遵从受到“因人”和“因事”两个方面因素的影响：

（1）观察者个人规范特质影响。个体规范意识具有差异性，对非从众行为违反规范的程度感知也不同，这会影响到对不匹配消费的结果评价。有些人认为的违反规范行为，在其他人的认知当中却是合理行为。因此，个人规范意识的强弱不同，会影响其对不匹配消费的评价结果。

(2)消费行为从众归因的影响。个人通常具有多重网络身份(Solomon, 1999)，在一般社会网络中违反情理的消费行为，却可能是消费者职业圈子的群体规范要求。消费者为获得某个圈子接受和认同，会倾向于购买该圈子使用的品牌产品，这也是品牌的价值功能所在。而消费是职业规范所需时，属于从众性消费，此行为本身是对规范的遵从和维护(Robertson, 1969; Baron & Byme, 2004)。当越轨的不匹配消费行为被归为从众所需时，可以降低大众对其炫耀动机感知，从而提高情理评价。不匹配消费行为被归因为从众或非从众，对于行为结果评价具有影响作用。

5.1.1.3 研究问题

综上所述，研究三主要对不匹配消费与评价结果两者间关系的调节变量的影响进行分析，承接以上分析，具体探究以下两个问题：

(1)观察者个人规范意识如何影响其对向上符号消费、向下功能消费的评价将是研究三拟从个人特质因素角度探究其对不匹配消费评价影响的第一个问题。

(2)消费行为的从众归因(或非从众)如何影响对向上符号消费、向下功能消费的评价将是研究三拟从消费行为特征因素角度探究其对不匹配消费评价影响的第二个问题。

5.1.2 研究价值

理论价值。在前两个研究的基础上，研究三的理论创新之处在于探究了不匹配消费影响作用的边界条件，包括两个方面：(1)在观察者个人特质方面，将分析规范意识强弱者评价向上符号消费、向下功能消费的差异性；(2)在行为特点方面，将分析从众、非从众的行为归因对评价向上符号、向下功能消费的影响差异性。从“人”和“事”方面的分析，有助于对不匹配消费影响的全面认识。

实践意义。研究三分析从众、非从众的行为归因对不匹配消费评价结果的影响，可以为品牌传播提供有效建议。为提升产品消费行为合理性的感知，广告传播中可适当考虑品牌的从众功能价值，以获取消费者和品牌的良好社会评价。

研究三的内容安排如下：第一，简要回顾从众理论；第二，提出不匹配消费评价的调节变量影响的研究框架与假设；第三，研究方法上通过实验法检验理论框架；第四，进行研究三的小结分析。

5.2 理论基础

由于研究二已对不匹配消费类型和影响作用、消费情理等核心构念提供了理论铺垫，研究三将以从众理论为依据，引出对个人规范意识、从众行为类别的理论分析。

5.2.1 从众的内涵

从众(conformity)是指个体在社会影响(social influence)下，通过改变自己的态度或行为来遵从社会规范。社会规范作为群体约定俗成的行为准则，对个人的言行举止具有引导和约束作用。从众可以降低行为决策风险，保持个人和群体的一致性。而从众的具体内容包括规范和信息观点，是个人行为决策的参考依据，其中规范影响包括价值观和奖惩功能。以下将从价值表达影响、功能影响和信息性影响三个方面对从众内容进行简述(Bearden & Etzel，1982)：

(1)价值表达影响(value expressive)。它是指个人通过建立与参照群体间的关联，从而达到提升自我形象的目的(Burnkrant & Cousineau，1975)。价值表达可以通过认同(identification)产生影响，即个体之所以采用某群体的行为或观点，是因为该群体的行为或者观点能够满足个体对自我定义的需要(Brinberg & Plimpton，1986)。也即该群体的形象，符合消费者对自我定义的标准，如借助品牌形象主张自己属于该品牌用户群体。

(2)功能影响(utilitarian influences)。这是指个体顺从他人的期望来获取奖励或者避免惩罚，通过顺从的内在机制产生影响(Price et al.，1987)。当个体遵从群体规范时，能够获得他人的奖励或者避免他人的惩罚，这就是顺从过程。如保持与群体成员共同的品牌偏好选择，可以避免被其他成员排斥。

(3)信息性影响。这是指从其他群体成员获取信息以了解真相(Deutsch & Gerard, 1955)。个体通过两种途径受到信息性影响：一是社会学习(social learning)，即个体从专家处获取信息或基于对他人行为的观察做出推测(Park & Lessig, 1977)。这一途径通过内化过程产生影响，因为从他人处获取的信息增加了个体对环境的知识和了解。二是社会比较(social comparison)，指通过与他人进行比较来更准确地评价自己的观点和能力(Mussweiler & Bodenhausen, 2002)。如当对产品信息了解不充分时，选择购买大多数成员使用的品牌，可以有效降低购后风险。

5.2.2 从众行为类型

根据对于规范和信息观点是否遵从可以将行为划分为从众和非从众(nonconformity)两种。从众行为表现为对规范的遵守，行为准则符合组织成员的期望，与大多数人保持一致，如使用圈内成员认同的品牌，衣着打扮符合群体规范要求等(如正装出席宴会)。从众行为有助于群体对个人的认同，从而提升个人的社会影响力。而非从众行为则是行为偏离规范标准，与群体大多数成员的行为不同(Venkatesan, 1966)，如穿牛仔裤出席正规宴会。非从众行为可以起到双重影响作用：(1)消极影响。由于非从众行为是对群体规范的违反，不符合群体成员的期望，因此会招致社会批评，从而给个人带来不利影响；(2)积极影响。非从众行为也可以给个人带来积极影响，当非从众行为是一种正确的偏离行为，被他人所认可和接受时，反而可以起到正面影响作用。如有钱人的节俭消费是一种非从众行为，与其圈子消费规范不匹配，但符合节俭美德，可以为个人带来良好的社会评价。

对于从众的界定还受范围影响，不同群体间的规范界定也有所差异。根据社会网络理论，每一个人可以同时属于多个网络，而网络(network)指的是行动者(social actor)及其间关系的集合。不同的网络分别有着对应的规范准则，行为是否得当取决于各群体对关系准则的共同理解，不同人群、不同社交情境下行为的合适性具有差异性(Heide & Wathne, 2006)。如向上符号消费购买高价格品牌产品，在工作职业圈子当中是从众消费行为，是为了获取他人认同，符合职业群体规范，是帮助个人工作开展的合理行为。而在社会规范中，由于收入与消费不对等，属于不合理性消费，不利于获得社会认同。因此，由于角色要求的不一致，有可能出现角色规范的冲突(role conflict)(Montgomery，1998；2000)。而对于行为合理性的评价，取决于用何种规范评价。

5.2.3　从众的个体差异性

个人的主观意识对从众行为评价具有较大的差异性，会导致对同一行为判断结果却不同，个人规范意识是重要影响因素(Asch，1951)。由于对独特性需求(need for uniqueness)程度具有差异，因此规范意识强弱不同，表现为对从众的遵从和理解因人而异。强规范意识者重视群体规范的价值表达影响和功能影响，重视集体身份，自己的消费行为不会偏离规范要求，同时对他人行为的评价也以规范为准则。而弱规范意识者注重自我个性主张，会刻意进行偏离规范的消费行为，同时对非从众行为的包容性会更强(Venkatesan，1966)。在强规范意识者评价中的不合理消费对弱规范意识者来说则是合理的。

5.3　模型与假设

5.3.1　观察者个人规范意识的影响

观察者的规范意识对不匹配消费的评价具有影响作用，主要表现在对越轨行为偏向的认定上。规范会对个人应当的消费水平有一定期望，当与期望不一致时，便是越轨消费行为。规范意识越强者，对于越轨行为敏感度越强，并且对规范的主张、捍卫程度也越高。当越轨偏向不合理时，规范意识强者的负面评价越多。若越轨偏向合理时，规范意识强者的行为感知越强，其对合理行为的评价也会较高；而规范意识弱者，对行为的偏离感知较低。

虽然向上符号消费和向下功能消费都属于越轨消费行为，但向上符号消费被归因为不合情理的消费行为，规范意识强者对其违反情理的感知会越强，从而对此行为产生的负面评价越多。而消费者和品牌是消费行为的构成部分，从而对品牌和个人的负面评价也会越多。向下功能消费则被归因为合情理消费行为，规范意识强者对其违反情理感知会越强。由于是正确的越轨行为，会给个人和品牌产生较强的正面评价。由此提出以下假设：

H1：当观察者个人规范意识强时，对向上符号消费的负面评价较多，从而导致向上符号消费的负面影响作用增强。

H2：当观察者个人规范意识强时，对向下功能消费的正面评价较多，从而导致向下功能消费的正面影响作用增强。

5.3.2 消费行为从众归因的影响

从众归因对于不匹配消费行为评价具有影响作用，主要体现在对从众范围的认定上。由于人具有多重网络身份特征，并且规范也具有网络的差异性，在某个网络中不符合规范的非从众行为，在另一网络中却是符合规范的从众行为。如奢侈消费不符合社会节俭规范，但却是符合富人阶层规范的合理消费。消费具有价值传递的信号功能(singaling)(Solomon，1999)，是消费者个人展示的途径，对其行为合理性的评价取决于观察者采用何种规范标准。

向上符号消费是低收入者的高消费行为，当被归为非从众性的炫耀消费时，会违反一般社会规范，从而会对个人和品牌产生负面影响。当其被认为是职业圈子的发展需要时，便是符合规范的从众性消费，会对个人和品牌产生积极影响。而向下功能消费是高收入者的低消费，当被归为从众消费时，便会认为消费者是普通收入阶层的对等消费行为，向下功能消费难以起到正面影响作用。而其被归为非从众消费行为时，符合节俭规范，会受到社会赞同，从而对个人和品牌产生积极影响。据此，提出以下假设：

H3：当被归因为角色规范的从众消费行为时，向上符号消费的情理感知会增强，从而削弱向上符号消费对品牌、个人的负面影响。

H4：当消费行为被归因为非从众行为时，向下功能消费的情理感知会增强，从而进一步增强向下功能消费对品牌、个人的正面影响作用。

根据以上分析，可以得出研究三的理论框架图(见图5-1)：

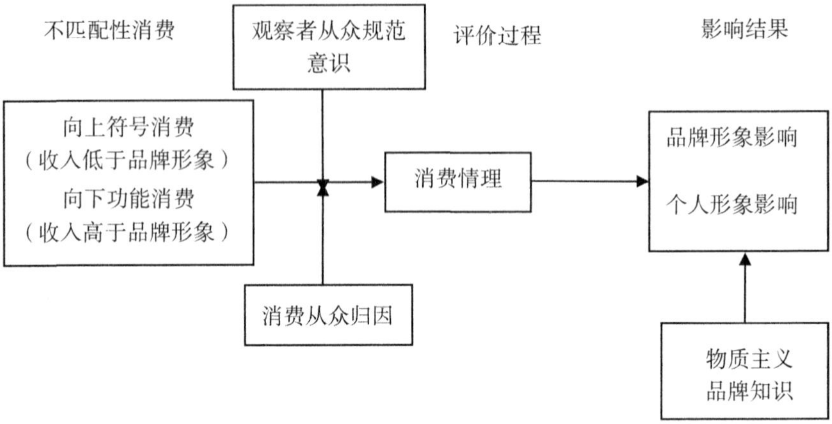

图 5-1　研究三的理论框架图

5.4　研究方法

5.4.1　实验 4 皮包消费测验

5.4.1.1　研究设计

由于研究二已经证实了不匹配消费的影响作用，只需证明调节变量的影响作用，实验 4 将需对调节变量的影响作用进行检验。实验 4 主要检验规范意识强弱差异对不匹配消费评价的影响，与研究二的实验方法一样，只需加测个人从众规范意识即可。由于实验 2 表现出了较好的研究效度，实验 4 将进一步复制实验 2 的过程。在武汉某高校邀请 62 名非营销专业的学生参加，以合格样本抽奖奖励 10 本图书作为回报，回收有效问卷 57 份，有效率为 91.9%。其中，男性 20 人，女性 37 人。实验设计采取向上符号消费和向下功能消费的组间实验设计，被试被随机分配至某一种情境当中。

(1)实验程序。第一，让被试填写个人特征测量量表，包括物质主义和从众规范意识；第二，阅读实验材料，包括向下功能消费和向上符号消费两种情境，并进行不匹配程度的操控测量；第三，要求被试者填写相关问卷，问卷内容包括消费类别感知、情理判断、品牌稀释和个人形象等问项；第四，被试填写个人信息。

(2)刺激物。我们选用了皮包产品作为刺激物，选择香奈儿(Chanel)和珑骧(Longchamp)两个品牌作为实验品。两个品牌产品在市场知名度上具有较大差别，香奈儿具有较高品牌知名度，而后者相对较低。在销售价格上也有较大差异，香奈儿作为向上符号消费品牌对象，Chanel 黑色荔枝牛皮 CF 单肩包售价人民币 34999 元。珑骧作为向下功能消费品牌对象，Longchamp 长柄单肩包售价人民币 588 元。同样虚拟了赵某作为上班人士，月可支配收入为 3500 元和 35000 元两种情形。向上符号消费为月收入 3500 元购买售价 34999 元的 Chanel 黑色荔枝牛皮 CF 单肩包，向下功能消费为月收入 35000 元购买售价 588 元的 Longchamp 长柄单肩包。

5.4.1.2　操控检查

按照之前的程序和方法对收入和价格对比的不匹配性感知进行操控检查。其中在向上符号消费组 $M_{收入高于消费}=2.448$，而在向下功能消费组 $M_{收入高于消费}=4.464$。组间具有显著差异性($F(1, 56)=12.938$，$P<0.001$)(见表 5-1)，说明了被试对于收入和消费间不匹配程度认知达到了预期目的。

表 5-1　　**实验 4 中组间操控检验数据**

语句	向上符号消费组	向下功能消费组	*F* 值	*P* 值
收入高于消费	2.448	4.464	12.938	<0.001

5.4.1.3　验证性因子分析

根据实验 2 的样本数据对各变量的效度进行了验证性因子分析。经检验模型整体拟合优度符合要求($\chi^2/df=1.62$，GFI=0.84，CFI=0.93，NFI=0.83，IFI=0.93，RMSEA=0.08)。在验证性因子分析中，各变量平均提取方差 AVE 在 0.59 到 0.79 之间，均大于 0.5 的临界值，因此各变量具有较好的收敛效度和区别效度。而且本研究量表均来自成熟研究，经过反复双向翻译最后定稿，具有较好的内容效度。各变量的描述统计信息见表 5-2：

表 5-2　　**实验 4 中变量基本信息总结**

构念	1	2	3	4	5	6
1. 符号消费	1					
2. 功能消费	−0.51	1				
3. 消费情理	−0.36	0.44	1			
4. 品牌形象	−0.48	0.62	0.62	1		
5. 个人形象	−0.67	0.54	0.60	0.71	1	
6. 规范意识	0.13	0.09	0.01	0.09	0.05	1
均值	4.05	3.63	3.68	4.67	3.57	3.96
标准差	1.22	1.29	1.38	1.20	1.30	0.94
AVE	0.52	0.63	0.70	0.82	0.79	0.36
CR	0.74	0.84	0.90	0.90	0.92	0.73
Cronbach's a	0.71	0.83	0.90	0.90	0.91	0.72

5.4.1.4　假设检验

(1)不匹配消费影响的主效应。在向下功能消费组，被试对功能消费感知均值为 $M_{向下功能}=4.488$。而对符号消费感知均值为 $M_{向下符号}=3.167$(见表 5-3)。功能消费感知显著高于符号消费感知($M_{符号-功能}=-1.321$，$T(51)=-5.787$，$P<0.000$)。而向上符号消费组中，被试对功能消费感知均值为 $M_{向上功能}=2.966$，对符号消费感知均值为 $M_{向上符号}=4.908$。功能消费感知显著小于符号消费感知($M_{符号-功能}=1.942$，$T(59)=8.108$，$P<0.000$)，进一步证明了实验操控的正确性。

向下功能消费组中，品牌形象评价均值为 $M_{向下品牌}=5.554$，个人形象评价均值为 $M_{向下个人}=4.952$，而向上符号消费组中，品牌形象评价均值为 $M_{向上品牌}=4.276$，个人形象评价均值为 $M_{向上个人}=2.816$。在品牌形象($F(1，55)=26.950$，$P<0.000$)、个人形象($F(1，55)=26.452$，$P<0.000$)、消费情理($F(1，55)=18.155$，$P<0.000$)上，向上符号消费组显著低于向下功能消费组。组间差异均

显著，证明了不匹配消费主效应的存在。

表 5-3　　实验 4 中变量均值比较

构念	向上符号消费组	向下功能消费组	组间 F 值	P 值
1. 符号消费	4.908	3.167	39.395	<0.000
2. 功能消费	2.966	4.488	25.798	<0.000
3. 消费情理	2.983	4.214	18.155	<0.000
4. 品牌形象	4.276	5.554	26.950	<0.000
5. 个人形象	2.816	4.952	26.452	<0.000
6. 规范意识	4.145	4.036	0.227	<0.636

(2)规范意识的调节影响作用。首先，采用回归分析法检验从众规范意识对不匹配消费评价的调节作用，回归分析的具体数据见表 5-4。假设 H1 推测，观

表 5-4　　观察者从众规范意识的调节影响检验

	模型 1	模型 2
	品牌形象	个人形象
主效应		
符号消费	-0.525*	-0.553*
功能消费	0.459*	0.394*
消费情理	0.304***	0.376**
从众规范意识	-0.238	-0.289
交互项		
从众规范意识×功能消费	0.184*	0.221*
从众规范意识×符号消费	-0.145*	-0.177*
控制变量		
物质主义	0.013	-0.014
品牌知识	0.143*	0.021
R^2	0.516	0.439

注：* 表示 $p<0.05$，** 表示 $p<0.01$，*** 表示 $p<0.001$。

察者从众规范意识越强，对于向上符号消费的评价越负面。而假设 H2 推测，观察者从众规范意识越强，对于向下功能消费的评价越正面。即从众规范意识对于符号消费感知具有负向调节作用，对功能消费感知具有正向调节作用。由表 5-4 中模型 1 和模型 2 的交互项系数可以看出，从众规范意识与功能消费的交互项系数为正($\beta_{模型1}=0.184$，$t=2.525$，$P<0.033$；$\beta_{模型2}=0.221$，$t=2.672$，$P<0.013$)，而从众规范意识与符号消费交互项为负($\beta_{模型1}=-0.145$，$t=-2.115$，$P<0.037$；$\beta_{模型2}=-0.177$，$t=2.598$，$P<0.011$)，并且系数均显著。由此可以得出，H1 和 H2 得到验证。

5.4.1.5　实验 4 小结

实验 4 检验了观察者的从众规范意识对不匹配消费评价的调节影响作用。经过数据检验发现，从众规范意识对符号消费感知具有负面调节作用，而对功能感知具有正向调节作用。由此可以得出高从众规范意识者，对向上符号消费评价态度相对更差，而对向下功能消费态度评价更正面。由此验证了观察者从众规范意识的调节影响作用，假设均得到验证。

5.4.2　实验 5 汽车消费测验

5.4.2.1　研究设计

实验 5 将对消费行为从众归因的调节变量影响作用进行检验。在实验 4 的基础上，重新设计不匹配消费的从众情境，采取 2(向上符号消费/向下功能消费)×2(从众消费/非从众消费)的组间设计。实验 5 对从众和非众行消费行为的情境设计，主要是在 Bellezza，Gino 和 Keinan(2014)的研究中的实验情境设计基础上，结合本研究问题进行了改进。实验 5 选取武汉某高校 123 名非营销专业的学生参加，以课程学分和合格样本抽奖奖励 20 本图书作为回报，回收有效问卷 112 份，有效率为 91.1%。其中，男性 46 人，女性 66 人。将被试随机分配至四种情境中。

(1)实验程序。第一，让被试填写个人物质主义特征测量量表；第二，让被试阅读实验材料，分 2(向上符号消费/向下功能消费)×2(从众消费/非从众消费)四种情境，并进行不匹配程度、从众类型的操控测量；第三，要求被试填写相关问卷，问卷内容包括消费类别感知、情理判断、品牌稀释和个人形象等问项；第四，被试填写个人信息。

(2)刺激物。与实验 3 相同，我们选用了汽车产品作为刺激物，宝马(BMW)和长城哈弗 (Haval)两个品牌作为实验品。两个品牌产品都为人熟知，但在销售价格上差异较大。宝马作为向上符号消费品牌对象，宝马 5 系 525Li(领先型)售价人民币 466600 元。从众消费行为归因情境中，强调赵某是职业工作圈子身份需要而购买宝马汽车。而非从众消费行为归因情境，则只是介绍其购买行为。

长城哈弗作为向下功能消费品牌对象，哈弗 H5 2.0T(精英型)SUV 售价人民币 107800 元。同样虚拟了赵某作为上班人士，月可支配收入为 5000 元和 50000 元两种情形。向上符号消费为月收入 5000 元购买售价 466600 元的宝马 5 系 525Li(领先型)，向下功能消费为月收入 50000 元购买售价 107800 元的哈弗 H5 2.0T(精英型)SUV。从众消费行为归因情境中，只是简单介绍其购买行为。非从众消费行为归因情境中，则强调其圈子成员的汽车高消费行为，从而显示其非从众行为。

5.4.2.2 操控检查

按照之前的程序和方法对收入和价格对比的不匹配性感知进行操控检查，让被试判断语句“赵某收入高于消费水平”。其中在向上符号消费组 $M_{收入高于消费}=3.410$，而在向下功能消费组 $M_{收入高于消费}=4.059$(见表 5-5)。在未进行从众和非从众划分的情境下，组间具有显著差异性，说明了被试对于收入和消费间不匹配程度认知达到了预期目的。而对于是否属于从众消费行为的检验，则是让被试判断语句“赵某的消费行为是特立独行的”。在从众消费行为组 $M_{消费特立独行}=3.237$，而在非从众消费行为组 $M_{消费特立独行}=3.793$。同样在未进行向上符号消费和向下功能消费划分情境下，组间具有显著差异性，说明对于从众消费行为的操控达到了预期效果。

表 5-5　　**实验 4 中组间操控检验数据**

语句	向上符号消费组	向下功能消费组	*F* 值	*P* 值
收入高于消费	3.410	4.059	5.914	<0.029
语句	从众消费行为组	非从众消费行为组		
消费特立独行	3.237	3.793	3.921	<0.050

5.4.2.3　验证性因子分析

根据实验 2 中的样本数据对各变量的效度进行验证性因子分析。经检验模型整体拟合优度符合要求(χ^2/ df=1.58，GFI=0.85，CFI=0.94，NFI=0.85，IFI=0.94，RMSEA=0.07)。在验证性因子分析中，各变量平均提取方差 AVE 在 0.59 到 0.79 之间，均大于 0.5 的临界值，因此各变量具有较好的收敛效度和区别效度。而且本研究量表均来自成熟研究，经过反复双向翻译最后定稿，具有较好的内容效度。各变量的描述统计信息见表 5-6：

表 5-6　　**实验 5 中变量基本信息总结**

构念	1	2	3	4	5	6
1. 符号消费	1					
2. 功能消费	−0.59	1				
3. 消费情理	−0.41	0.44	1			
4. 品牌形象	−0.53	0.52	0.43	1		
5. 个人形象	−0.62	0.69	0.51	0.56	1	
6. 从众程度	0.02	0.04	0.19	0.28	0.14	1
均值	4.24	4.31	3.50	4.75	3.47	4.27
标准差	1.22	1.23	1.32	1.17	1.42	0.87
AVE	0.52	0.56	0.78	0.86	0.85	0.34
CR	0.75	0.79	0.87	0.92	0.95	0.69
Cronbach's α	0.72	0.77	0.87	0.92	0.94	0.67

5.4.2.4 假设检验

实验5将进行方差分析检验。表5-7中的数据包含各变量在不同情境中的评价得分状况，在向上符号消费组中，从众行为组和非从众行为组被试对消费情理（$F(1, 59)=3.507$，$P<0.036$）、品牌形象（$F(1, 59)=3.302$，$P<0.044$）和个人形象（$F(1, 59)=3.809$，$P<0.015$）的评价具有显著差异性（见图5-2），从众行为组的得分要高于非从众行为组。由此可以看出，从众归因有利于降低向上符号消费的负面影响，假设H3得到了验证。

而在向下功能消费组中，从众行为组和非从众行为组被试对于消费情理（$F(1, 49)=6.605$，$P<0.013$）、品牌形象（$F(1, 49)=3.302$，$P<0.033$）和个人形象（$F(1, 49)=6.963$，$P<0.011$）的评价具有显著差异性（见图5-3），从众行为组的得分要低于非从众行为组。由此可以得出结论，对于向下功能消费，当被归因为非从众行为时，其对品牌、个人会产生积极影响。在非从众归因情境中，向下功能消费的积极影响作用会进一步增强，假设H4得到了验证。

表5-7 **实验5中变量均值比较**

构念	向上符号消费			向下功能消费		
	从众行为组	非从众行为组	组间差异 F	从众行为组	非从众行为组	组间差异 F
1. 符号消费	4.989	4.954	0.032(NS)	3.691	2.972	6.415*
2. 功能消费	3.677	3.5172	0.342(NS)	5.037	5.278	1.097(NS)
3. 消费情理	3.198	2.747	3.057*	3.625	4.419	6.605*
4. 品牌形象	4.513	4.0172	3.302*	5.259	5.645	3.302*
5. 个人形象	2.896	2.344	3.809*	4.061	4.819	6.963*

注：* 表示 $p<0.05$。

对数据的进一步整体分析可以看出，被试对向上符号消费以负面评价态度为主，消费情理（$M_{向上情理}=2.984$）、个人形象（$M_{向上个人}=2.634$）评价均在4以下，品牌形象（$M_{向上品牌}=4.172$）评价接近4。而对向下功能消费以积极评价态度为主，消费情理（$M_{向下情理}=4.046$）、个人形象（$M_{向下个人}=4.418$）、品牌形象（$M_{向下品牌}=5.441$）评价均在4以上。这一方面反映出本研究主效应论证的正确性，支持了向

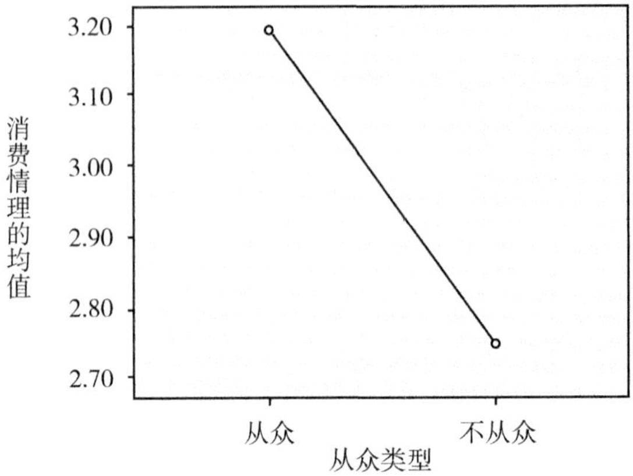

实验5向上符号消费组消费情理均值比较

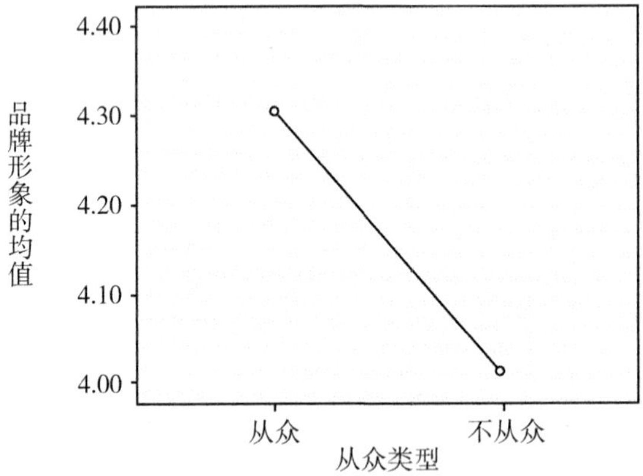

实验5向上符号消费组品牌形象均值比较

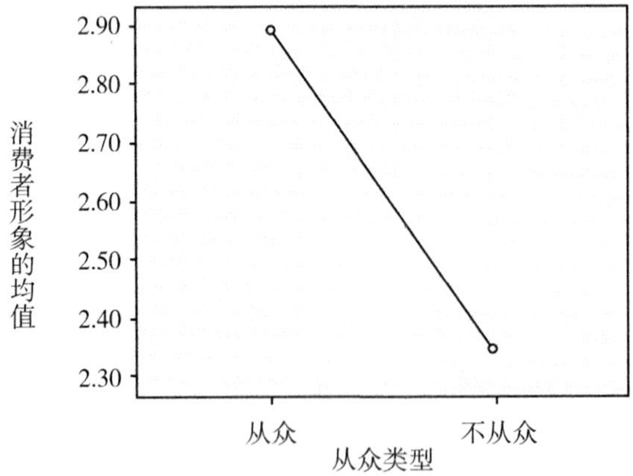

实验5向上符号消费组个人形象均值比较

图 5-2　向上符号消费组的评价

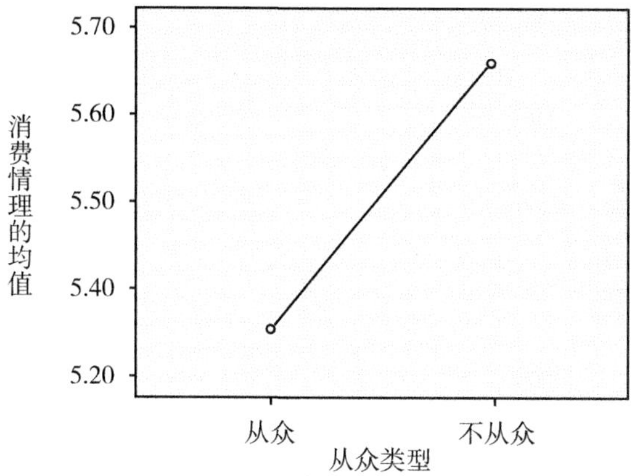

实验5向下功能消费组品牌形象均值比较

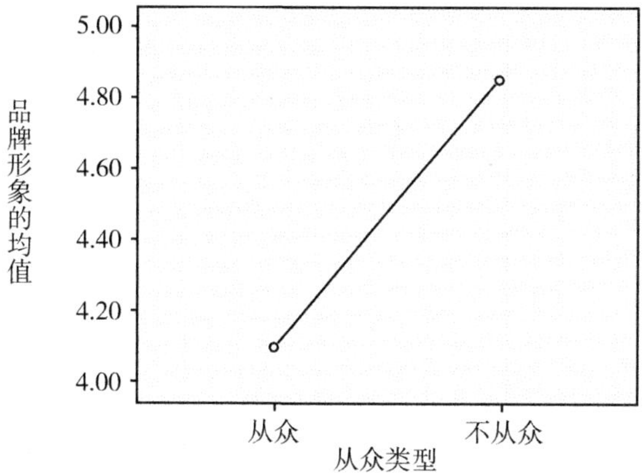

实验5向下功能消费组消费者形象均值比较

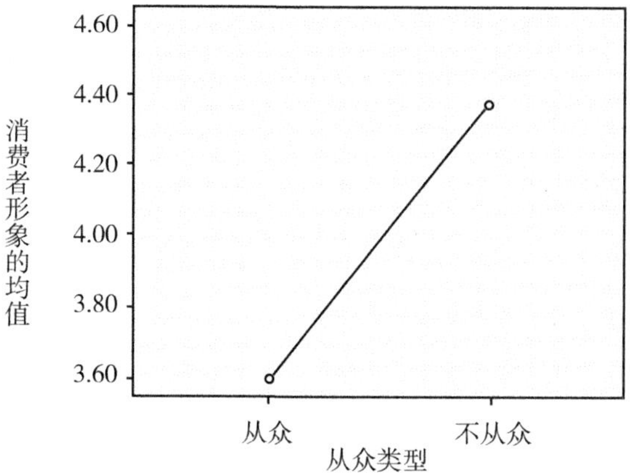

实验5向下功能消费消费情理均值比较

图 5-3　向下功能消费组的评价

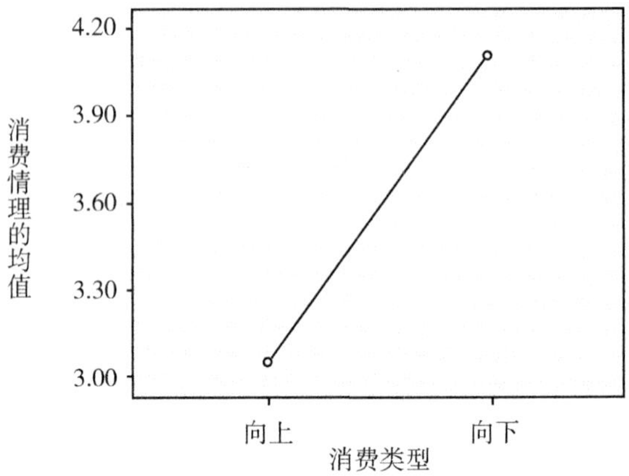

实验5消费情理的组间均值比较

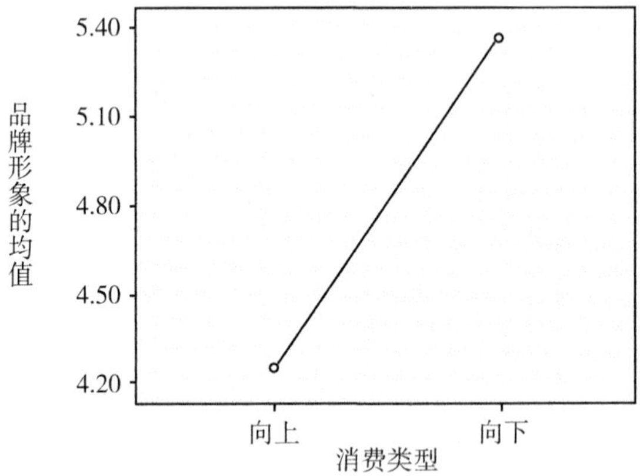

实验5品牌形象的组间均值比较

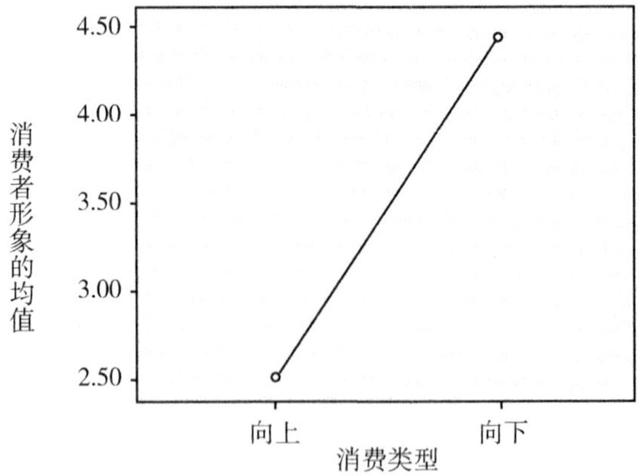

实验5消费者形象的组间均值比较

图 5-4 向上符号消费组与向下功能消费组的评价对比

上符号消费以负面影响作用为主，而向下功能消费以正面影响作用为主的(见图5-4)。而另一方面也能体现出，从众归因能有效削弱向上符号消费的负面影响作用，非从众归因能增强向下功能消费的正面影响作用。

5.4.2.5 实验5小结

实验5对假设H3和假设H4进行了验证，可以得出两点结论：(1)向上符号消费以负面影响作用为主，但从众归因对其负面影响作用具有抑制作用。与非从众组相比，从众归因组被试对消费情理、品牌形象和个人形象评价相对更高。(2)向下功能消费以正面影响作用为主，而非从众归因对其正面影响作用具有增强作用。与从众消费组相比，非从众消费组被试对消费情理、品牌形象和个人形象的评价相对更高。

5.5 研究小结

研究三对不匹配性消费影响作用的边界条件进行了分析，有助于对该问题的全面认识。首先，发现观察者的规范意识对于不匹配消费影响具有调节作用。规范意识强者对向上符号消费的负面评价更强，而对向下功能消费的正面评价更强。说明了观察者的规范意识具有放大作用，一方面会扩大向上符号消费的负面影响作用，另一方面也会增强向下功能消费的正面影响作用。其次，发现从众归因对不匹配消费影响具有扭转作用。当向上符号消费被归因为从众消费时，可削弱其对品牌、个人的负面影响作用。而向下功能消费被归因为非从众消费时，可进一步增强其对品牌、个人的积极影响作用。

第6章　研究总结

6.1　研究结论

首先，研究一探究了大众对于社会性消费的评价机制，分析了大众如何评价他人消费行为，可以得出以下三点主要研究结论：

(1)消费行为的社会属性是引起大众关注和评价的原因。消费行为具有私人属性和社会属性(Richins, 1994, 2004)，从消费权利角度来理解具有私人属性的消费行为通常不应该被他人评论。然而消费行为的社会属性，可以对外传递消费者个人价值、社会地位等公共信号，对他们造成外部性影响。由此，我们将对他人产生社会影响(social influence)的消费行为统称为社会性消费。对消费行为社会属性的分析有助于理解大众会关注什么类型的消费行为，以及为何会关注和评价他人的消费行为。

(2)消费义务的履行是大众关注的焦点，大众并不反对个人的消费权利。普通的私人性消费行为中消费义务就是商品货币价格的支付和正确地使用处置。而社会性消费行为中的消费义务内涵较为复杂，由于社会性消费行为的外部性较大，除了包含简单的消费义务外，还应包涵对社会、他人的责任义务。社会性消费义务的表现形式为各种亲社会行为，如慈善捐款、义工等。而且进一步分析，相较于一般的私人消费行为，消费者的社会性消费行为通常希望得到大众的认同，对于消费所得的期望也更多。根据社会公平的对等原则，消费者需要承担更多的责任、义务来维持对等，从而获得认可，这种消费义务代表着社会和消费文化的进步。由此可见，大众对他人消费行为的评价具有一套公共规范标准，并非因人而异，也并非因“仇富”而为。

(3)影响消费义务期望和感知的主要因素是消费者以往的社会贡献、个人能力和大众对商品属性的感知。从权利和义务对等原则来理解，大众对他人消费义务的期望具有合理性。之所以出现看似大众对他人消费行为评价态度存在因人而异，是因为消费者类型不同，期望的标准存在差异，同时对不同消费者的消费动机感知存在差异。如在本书所研究的三种类型的消费者样本中，相对而言大众对"富二代"的消费义务期望标准要高些，在大众的印象中该类消费者的社会贡献和个人能力不高，而且消费动机多以炫耀享乐为主。对于此类消费者而言，他们可以通过慈善活动、个人能力提升改变大众的刻板印象，从而获取大众的积极评价态度。进一步延伸，对于奢侈品消费者而言，通过消费义务的履行，可以获得他人的社会认同。

其次，研究二进行不匹配社会性消费行为评价影响机制研究，分析了社会性消费中的特殊类型：收入与消费水平的不匹配消费，由此总结出了向上符号消费和向下功能消费两种具有典型代表意义的消费行为。重点分析了观察者的评价如何影响品牌和个人形象，可以得出以下三点结论：

(1)向上符号消费对品牌和个人形象具有负面影响作用。向上符号消费是个人收入低于消费水平，并非品牌核心消费者(non-core users)，与品牌移民的身份相对应(Esses et al., 1998; McLaren & Johnson, 2007)。这类消费行为被归因为炫耀消费，是不合理的越轨消费行为，因此会招致社会批评，从而给品牌和个人带负面影响。

(2)向下功能消费对品牌和个人形象具有积极影响作用。向下功能消费是个人收入高于消费水平，虽然同属非品牌核心消费者，但与品牌游客身份相对应。这类消费多为高收入者的向下节俭消费，是合理的越轨消费行为，会得到社会支持鼓励，从而给品牌和个人带来积极影响。

(3)消费情理在不匹配的社会性消费评价影响中起着中介作用。消费情理作为中国儒家文化中的重要理论变量，其核心思想是保持消费与身份的对等、匹配原则。向上符号消费不符合消费情理主张，因而产生负面影响评价。而向下功能消费虽然也违背情理主张，但属于节俭美德下的正确行为，因而能够为情理所兼容，从而产生正面影响作用。

最后，研究三对不匹配的社会性消费评价影响结论的边界范围进行了探究，分析了观察者的从众规范意识和消费从众归因的调节影响作用，可以得出以下四点结论：

（1）观察者强从众规范意识时对向上符号消费的评价更差。由于强规范意识者对群体规范的坚守程度更强，当意识到他人行为偏离规范时，容易产生负面评价。向上符号消费中，消费者与品牌目标消费群体的形象不匹配，不符合对等的消费规范。相对于弱从众规范意识者，强规范意识者会对此行为给予更差的评价。

（2）观察者强从众规范意识时向下功能消费的评价更好。强从众规范意识者对规范更熟悉和敏感，相对更容易发现他人的偏离规范行为。向下符号消费属偏离规范的越轨行为，但属于合理的节俭消费，与社会道德规范相一致。由于强规范意识者的敏感性，他们更容易觉察出向下功能消费的正确性，从而会给出更好的社会评价。

（3）被归因为从众消费时，向上符号消费可以产生积极影响效果。从众的归因可以扭转向上符号消费的负面影响作用。当观察者认为消费者的行为是圈子规范的从众消费需求时，其对规范影响的价值性和功能性感知便会被激发，从而提升对消费行为的认同感，由此对品牌和个人产生积极社会评价。

（4）被归因为非从众消费时，向下功能消费的积极影响作用会进一步增强。向下功能消费中，消费者高收入应该对应更高的消费水平，其向下消费是一种社会美德。但只有在观察者了解其收入高于消费是非从众消费行为时，向下消费行为的得当信号才能被感知出来，从而产生更积极的影响效果。当被归因为一般阶层的从众消费时，向下功能消费难以起到积极影响作用。

上述研究内容归纳如下（见表 6-1）：

表 6-1　**主要研究结论概览**

	研究假设	研究结论
研究二	H1：相对于向上符号消费，大众对于向下功能消费持有较高评价，可以对（a）品牌形象产生增强作用，为（b）消费者形象带来积极影响	支持
	H2：相对于向下功能消费，大众对于向上符号消费持有较低评价，会对（a）品牌形象产生稀释作用，为（b）消费者形象带来不利影响	支持

续表

	研究假设	研究结论
研究二	H3：通过消费情理的中介作用，(a)向上符号消费行为会对品牌形象产生负面稀释影响作用，(b)对消费者个人产生不利影响评价	支持
	H4：通过消费情理的中介作用，(a)向下功能消费行为会对品牌形象产生正向增强影响作用，(b)对消费者个人产生有利影响评价	支持
研究三	H1：当被归因为角色规范的从众消费行为时，向上符号消费的情理感知会增强，从而削弱向上符号消费对品牌、个人的负面影响	支持
	H2：当消费行为被归因为非从众行为时，向下功能消费的情理感知会增强，从而进一步增强向下功能消费对品牌、个人的正面影响作用	支持
	H3：当消费行为被归因为从众行为时，向上符号消费的负面影响作用会被削弱	支持
	H4：当消费行为被归因为非从众行为时，向下功能消费的正面影响作用会增强	支持

6.2　研究理论意义

在整体研究方面，本书的研究具有三个方面的理论价值创新之处：

(1)探索了大众对社会性消费的评价机制。研究一通过探索性和验证性研究发现，大众基于消费权利和义务对等的公平原则，建立了对社会性消费的评价体系。这有助于解释为何公众人物同样的消费行为，却得到大众的不同评价。由于互联网时代背景下“众口铄金”的特点，大众推动力量不断增强，因此有必要探究其评价规律。对此研究有助于提升对营销环境的认识，这是现有研究关注不足的问题。

(2)建立了观察者效应(observer effect)的影响机制。研究二和研究三分析了不匹配社会性消费中，评价是如何对品牌和个人形象产生影响的，并引入消费情理的解释机制。较多研究视角从二元化角度探究品牌与消费者间的关系互动，而忽略了消费行为是由品牌、消费者和观察者构成的三元网络结构。观察者对品牌评价具有重要影响作用，已有研究开始关注观察者的评价影响，如从品牌身份(Bellezza & Keinan, 2014)、消费者使用行为特点(Bellezza, et al., 2014; Ferraro, Kirmani & Matherly, 2013)等方面研究观察者的评价影响，对此问题的研究仍是初始阶段。

(3)分析了消费者对品牌形象的反馈影响问题。较多研究关注的是品牌对消费者的影响机制，而忽略了消费者对品牌同样具有反馈影响作用。研究二和研究三探究了向上符号消费和向下功能消费对品牌的影响作用，是消费者行为对品牌影响问题的典型代表，研究视角具有新颖性特点。

在具体研究内容方面，研究一在对大众关于消费行为关注评价存在因人而异的现象进行深入研究后，在理论上从以下方面对以往研究有所拓展和丰富：

(1)丰富了对消费行为社会属性的认知。以往研究讨论了商品的社会属性(Richins, 1994, 2004)，由此分析了人们的购买动机，但是就消费行为本身所具有的含义和影响而言，以往研究缺少对消费行为本身的社会性这一基本原理进行分析。本研究以消费行为的社会属性为基础，区分了消费行为的私人属性和社会属性，发现消费行为的外部性是引起他人关注的线索，分析了社会大众为何要关注他人的消费行为，有助于全面了解消费行为。

(2)建立了社会大众对他人消费行为的评价机制。大众如何评价他人消费行为，这一问题不仅仅是营销学的基本问题，也是具有社会意义的重要问题，而以往研究却对此有所忽视。以往关于此问题的研究多建立在凡勃伦《有闲阶级论》的理论基础之上，多从消费行为经济性的动机角度进行理解，无法解释大众为何对他人消费行为的评价会因人而异。本研究发现，大众对他人消费行为的评价是基于消费义务的期望和比较原则，这是对认识和评价消费行为的重要补充。

(3)丰富了对消费义务的研究。消费义务看似营销中的一个简单问题，通常的理解是消费者权利保护法中的支付货币价格和正确使用处置商品。而在社会性消费行为中，消费义务是社会义务的同义延伸，这是以往研究中没有关注之处。消费义务代表着消费文化的健康发展方向，是值得倡导和进一步深入研究的问题。

研究二对向上符号消费和向下功能消费评价影响机制进行了研究，在以下四个方面具有理论贡献：

(1)深化了对非核心品牌用户(non-core user)影响问题的认识。Bellezza 和 Keinan(2014)将政治学公民身份理论引入品牌用户类别划分当中，提出了非核心用户可以划分为品牌游客(brand tourist)和品牌移民(brand immigrant)两个类别。但其中值得进一步探究的是两者身份如何被有效识别。研究二以向上符号消费和向下功能消费为研究对象，此类消费者分别对应于品牌移民和品牌游客，分析了他们的行为对品牌和个人的影响作用，拓深了对非核心消费者行为影响的问题研究。

(2)从消费情理角度丰富了越轨理论的解释机制。越轨是行为与预期规范相背离的行为，用以解释个体行为的不当性，通常越轨行为会得到负面评价。然而是否所有越轨行为都是不当行为？研究二引入消费情理，用以解释越轨消费行为。研究发现向上符号消费不符合消费情理主张，是不当的越轨消费行为，对品牌和个人具有负面影响作用。而向下功能消费虽然也属于越轨行为，但由于是节俭符合消费情理的行为，因此是合理的越轨消费行为，对品牌、个人具有正面影响作用。对此研究有助于丰富越轨行为理论。

(3)从不匹配消费行为视角拓展了对品牌稀释问题的研究。品牌稀释是企业品牌管理当中的重要问题，现有研究较多是从企业角度出发，探究品牌延伸、品牌危机对于稀释的影响作用。研究二从消费行为视角分析向下符号消费和向上功能消费对品牌稀释的影响作用和路径，拓展了对品牌稀释问题的研究范围。

(4)从消费情理视角丰富了中国文化问题研究。研究二将中国儒家文化中的核心概念“情理”引入社会性消费问题的评价当中。研究视角并非针对特定的中国文化问题，而是采用理论发展的视角将其引入一般消费问题的解释机制中。研究二将社会学、政治学中的情理拓展到消费行为领域，扩大了情理文化的解释范围，具有相应的理论发展贡献。

研究三对不匹配消费评价影响作用边界范围的探究，具有两点理论拓展贡献：

(1)深化了对不匹配消费评价影响问题的研究。研究三从观察者从众规范意识和消费行为从众归因两个视角，分析了不匹配消费在“因人”和“因事”两个情境因素影响下，向上符号消费和向下功能消费影响作用、方向的扭转机制。研究发现当向上符号消费被归因为从众行为时，对品牌和个人可以产生积极影响作用。而向下功能消费被归因为非从众行为时，其正面影响作用会进一步增强。对个人规范意识和从众归因调节作用的研究，有助于加深对不匹配消费影响作用的认识。

(2)丰富了从众理论的应用范围。研究三以从众理论为基础，提取出观察者从众规范意识和行为从众归因两个理论变量，用于解释对不匹配消费评价的影响。研究发现从众理论可以改变观察者的评价机制，是对从众理论应用领域的拓展，有助于发展从众理论。

6.3 研究管理启示

本书对社会性消费的评价机制和影响机制的研究，对社会公共政策和企业具有以下管理启示：

(1)社会公共政策方面应鼓励消费者的社会义务履行。从社会角度而言，过多的对他人消费行为的批评，不利于社会和谐稳定发展；同时对于富人消费积极性具有较大的负面影响，不利于社会经济的发展。本研究发现大众批评的不是富人的消费行为本身，也没有否定他们消费高档奢侈品，而是期望和要求他们履行消费义务。针对大众的心理机制，国家可以加强慈善宣传教育，同时完善各种慈善渠道和配套措施，正确引导消费者的慈善行为，可以通过消费义务的履行改变大众的认知评价，这对于我国新兴的奢侈品市场意义重大。

(2)企业应当关注第三方大众(观察者)对社会性消费行为的评价机制，提升对市场环境知识的理解。首先，本研究发现，当大众对消费行为产生不好评价时，品牌和消费者个人都会受到关联影响。掌握观察者的心理，了解他们对社会性消费的评价机制，有助于提升企业对市场环境知识的理解。其次，本研究发现消费义务是大众对社会性消费评价的关注点，企业可以引导消费者义务履行，从而提升对品牌消费行为的合理性认知。最后，大众是品牌形象标签形成的重要推动力，随着社交媒体的发展，大众的社会化力量以及影响能力不断提升，他们可以推动品牌标签化。负面的品牌标签会对品牌声誉产生不利影响，因此有必要理解大众如何评价他人消费行为。

(3)企业应当重视消费行为引起的品牌稀释管理问题。以往品牌稀释管理多从企业经营决策视角出发，分析产品线延伸的影响问题。但本研究发现消费者行为对品牌也同样具有稀释或增强作用。向上符号消费行为，会给品牌造成不利社会影响，这是品牌稀释管理问题的新视角。而且通常这些人都是品牌的非核心消费者群体(non-core users)，如何规避他们的行为造成的负面影响，是企业需要应对的问题。研究三发现了从众归因对向下符号消费负面影响的削弱作用，值得企业品牌形象管理参考借鉴，如突出品牌价值的规范影响作用，可提升品牌消费行为的合理性。

(4)关注消费情理在营销中的影响作用。通常企业为提升销售绩效，会试图扩大目标消费者范围，并将非品牌消费者转换成为有效客户。然而本研究发现在消费情理的影响下，当用户与品牌目标群体特征不匹配且被归为不合理消费时，会给品牌和消费者都产生负面影响作用。因此企业应当注重销售对象与品牌形象特征的匹配性问题，重视营销工作的合情理程度。

6.4 研究局限及展望

本研究的局限性主要体现在以下几个方面：

首先，本研究的自变量在对不匹配消费行为界定上，仅以收入/商品价格作为依据，一方面是基于可操作性的考虑，另一方面存在以偏概全。不匹配消费的成因还有待拓展和归纳，如消费者社会地位与品牌用户群体的对比、消费者个人形象与品牌形象的对比等，均是营销工作中需要关注的重要指标。未来可进一步探索新的对比内容，以提升研究边界范围和提高实践价值。

其次，调节因素中只探究了观察者相关的因素，虽然对不同情境下社会性消费影响作用的变化问题的解释，值得企业参考借鉴。但企业相关的应对策略，如采取何种策略扭转向上符号消费的负面作用，尚待进一步探究。目前，本研究只发现观察者的从众意识对不匹配消费的削弱效果，而如何反转其影响作用方向，未来值得从品牌策略层面继续探究。

再次，本研究在中介分析中引入了情理的解释作用，但其解释力度有待提升。针对消费情理，可进一步提升其解释力度研究，也可以探索社会性消费的其他中介机制，以提升对社会性消费研究的深度。

最后，本书运用的研究方法主要以情境实验法为主，其研究结论的信度有待提升。田野实验(field experiment)法能够更好地还原现实购物场所中观察者的真实反应，可以在未来研究中加以采纳。

参考文献

[1]Aaker J L. Dimensions of brand personality [J]. Social Science Electronic Publishing, 1997, 34(3): 347-356.

[2]Aaker D A, Biel A. Brand equity & advertising: advertising's role in building strong brands[M]. London: Psychology Press, 2013.

[3]Aaker D A. Measuring brand equity across products and markets[J]. California Management Review, 1996, 38(3): 102-120.

[4]Amaldoss W, Jain S. Conspicuous consumption and sophisticated thinking[J]. Management Science, 2005, 51(10): 1449-1466.

[5]Andreassen T W, Lindestad B. Customer loyalty and complex services: the impact of corporate image on quality, customer satisfaction and loyalty for customers with varying degrees of service expertise[J]. International Journal of Service Industry Management, 1998, 9(1): 7-23.

[6]Arnould E J, Thompson C J. Consumer culture theory (CCT): twenty years of research[J]. Journal of Consumer Research, 2005, 31(4): 868-882.

[7]Babin B J, Darden W R, Griffin M. Work and/or fun: measuring hedonic and utilitarian shopping value[J]. Journal of Consumer Research, 1994, 20(4): 644-656.

[8]Balachander S, Ghose S. Reciprocal spillover effects: a strategic benefit of brand extensions[J]. Journal of Marketing, 2003, 67(1): 4-13.

[9]Balabanis G, Diamantopoulos A. Brand origin identification by consumers: a consumer classification perspective[J]. Journal of International Marketing, 2008, 16(1): 39-71.

[10]Bagwell L S, Bernheim B D. Veblen effects in a theory of conspicuous consumption [J]. American Economic Review, 1996, 86(3): 349-73.

[11] Bearden W O, Etzel M J. Reference group influence on product and brand purchase decisions[J]. Journal of Consumer Research, 1982, 9(2): 183-194.

[12]Bellezza S, Keinan A. Brand tourists: how non-core users enhance the brand image by eliciting pride[J]. Journal of Consumer Research, 2014, 41(2): 397-417.

[13]Belk R W. Possessions and the extended self[J]. Journal of Consumer Research, 1988, 15(2): 139-68.

[14]Belk R W, Coon G S. Gift giving as agapic love: an alternative to the exchange paradigm based on dating experiences[J]. Journal of Consumer Research, 1993, 20(3): 393-417.

[15]Bettman J R. An information processing theory of consumer choice[J]. Journal of Marketing, 1979, 43(3): 124-126.

[16]Berthon P, Hulbert J M, Pitt L F. Brand management prognostications[J]. MIT Sloan Management Review, 1999, 40(2): 53.

[17]Bloemer J, Ruyter K D. On the relationship between store image, store satisfaction and store loyalty[J]. European Journal of Marketing, 1998, 32(5-6): 499-513.

[18] Biel, A. L. How brand image drives brand equity [J]. Journal of Advertising Research, 1992, 32(6).

[19]Bird, M. & Channon, C. Brand usage, brand image, and advertising policy-part I [J]. Admap, 1969(6): 27-46.

[20]Bird, M. & C. Channon, C. Further analysis of former users brand image deviations-part II[J]. Admap, 1970(1): 28-32.

[21]Bird, M., Channon, C. Ehrenberg, A. S. C. Brand image and brand usage[J]. Journal of Marketing Research, 1970(8): 307-314.

[22]Bird M, Ehrenberg A S C. Consumer attitudes and brand usage[J]. Journal of the Market Research Society, 1970, 12(4): 233-247.

[23]Brian T, Parker. A comparison of brand personality and brand user-imagery congruence[J]. Journal of Consumer Marketing, 2009, 26(3): 175-184.

[24] Brodie R J, Whittome J R M, Brush G J. Investigating the service brand: a customer value perspective [J]. Journal of Business Research, 2009, 62(3): 345-355.

[25] Chaudhuri A, Holbrook M B. The chain of effects from brand trust and brand affect to brand performance: the role of brand loyalty[J]. Journal of Marketing, 2001, 65(2): 81-93.

[26] Childers T L, Rao A R. The influence of familial and peer-based reference groups on consumer decisions [J]. Journal of Consumer Research, 1992, 19(2): 198-211.

[27] Churchill G A, Surprenant C. An investigation into the determinants of customer satisfaction[J]. Journal of Marketing Research, 1982, 19(4): 491-504.

[28] C. Whan Park, V. Parker Lessig. Judgmental rules and stages of the familiarity curve: promotional implications[J]. Journal of Advertising, 1977, 6(1): 10-16.

[29] Cobb-Walgren C J, Ruble C A, Donthu N. Brand equity, brand preference, and purchase intent[J]. Journal of advertising, 1995, 24(3): 25-40.

[30] Deshpande R, Donthu N. The intensity of ethnic affiliation: a study of the sociology of hispanic consumption[J]. Journal of Consumer Research, 1986, 13(2): 214-20.

[31] Dichter E. What's in an image[J]. Journal of consumer marketing, 1985, 2(1): 75-81.

[32] Dobni D, Zinkhan G M. In search of brand image: a foundation analysis[J]. Advances in consumer research, 1990, 17(1): 110-119.

[33] Dolich I J. Congruence relationships between self images and product brands[J]. Journal of Marketing Research, 1969, 6(1): 80-84.

[34] Dubois D, Jung S J, Ordabayeva N. The psychology of luxury consumption[J]. Current Opinion in Psychology, 2020, 39.

[35] Englis B G, Solomon M R. To be and not to be: lifestyle imagery, reference groups, and "the clustering of America" [J]. Journal of Advertising, 1995, 24(1): 13-28.

[36]Escalas J E, Bettman J R. You are what they eat: the influence of reference groups on consumers' connections to brands[J]. Journal of Consumer Psychology, 2003, 13(3): 339-348.

[37]Escalas J E, Bettman J R. Self-construal, reference groups, and brand meaning [J]. Journal of Consumer Research, 2005, 32(3): 378-389.

[38]Faircloth J B, Capella L M, Alford B L. The effect of brand attitude and brand image on brand equity[J]. Journal of Marketing Theory and Practice, 2001, 9 (3): 61-75.

[39]Ferraro R, Kirmani A, Matherly T. Look at me! look at me! conspicuous brand usage, self-brand connection, and dilution[J]. Journal of Marketing Research, 2013, 50(4): 477-488.

[40]Fishbein M E. Readings in attitude theory and measurement[M]. New York: John Wiley and Sons Inc. 1967.

[41]Fishbein M, Ajzen, I. Attitudes towards objects as predictors of single and multiple behavioural criteria[J]. Psychological Review, 1974, 81(1): 59-74.

[42] Fisher R J, Ackerman D. The effects of recognition and group need on volunteerism: a social norm perspective[J]. Journal of Consumer Research, 1998, 25(3): 262-275.

[43]Forehand Mark R, Rohit Deshpande, Americus Reed II. Identity salience and the influence of differential activation of the social self-schema on advertising response [J], Journal of Applied Psychology, 2002, 87(6): 1086-1099.

[44]Greenberg D, Ehrensperger E, Schulte-Mecklenbeck M. The role of brand prominence and extravagance of product design in luxury brand building: what drives consumers' preferences for loud versus quiet luxury? [J]. Journal of Brand Management, 2020, 27(2): 195-210.

[45] Henry Paul C. How mainstream consumers think about consumer rights and responsibilities[J]. Journal of Marketing Research, 2010, 37(4): 670-687.

[46]Holt D B. Does cultural capital structure american consumption? [J]. Journal of Consumer Research, 1998, 25(1): 1-25.

[47]Jamal A, Goode M M H. Consumers and brands: a study of the impact of self-image congruence on brand preference and satisfaction[J]. Marketing Intelligence & Planning, 2001, 19(7): 482-492.

[48]Jee Han Y, Joseph C N, Xavier D. Signaling status with luxury goods: the role of brand promonence[J]. Journal of Marketing, 2010, 74(4).

[49]John D R, Loken B, Kim K, et al. Brand concept maps: a methodology for identifying brand association networks[J]. Journal of Marketing Research, 2006, 43(4): 549-563.

[50]Keller K L. Conceptualizing, measuring and managing customer-based brand equity [J]. Journal of Marketing, 1993, 57(1): 1-22.

[51]Keller K L, Sood S. Brand equity dilution[J]. MIT Sloan Management Review, 2003, 45(1): 12.

[52]Kozinet R, V. The field behind the screen: using netnography for marketing research in online communities[J]. Journal of Marketing Research, 2002, 34 (1): 61-72.

[53]Kirmani A, Sood S, Bridges S. The ownership effect in consumer responses to brand line stretches[J]. The Journal of Marketing, 1999, 63(1): 88-101.

[54]Lascu D N, Zinkhan G. Consumer conformity: review and applications for marketing theory and practice[J]. Journal of Marketing Theory and Practice, 1999, 7(3): 1-12.

[55]Lassar W, Mittal B, Sharma A. Measuring customer-based brand equity[J]. Journal of Consumer Marketing, 1995, 12(4): 11-19.

[56]Lau G T, Lee S H. Consumers trust in a brand and the link to brand loyalty [J]. Journal of Market—Focused Management, 1999, 4(4): 341-370.

[57]Liao, Jiangqun, Lei Wang. Face as a mediator of the relationship between material value and brand consciousness[J]. Psychology and Marketing, 2009, 26(11): 987-1001.

[58]Liu S X, Lu Y X, Liang Q P. Moderating effect of cultural values on decision making of gift-giving from a perspective of self-congruity theory: an empirical study

from chinese context [J]. Journal of Consumer Marketing, 2010, 27 (7): 604-614.

[59] Lynn M, Harris J. The desire for unique consumer products: a new individual differences scale[J]. Psychology & Marketing, 1997, 14(6): 601-616.

[60] Mangold W G, Faulds D J. Social media: the new hybrid element of the promotion mix[J]. Business Horizons, 2009, 52(4): 357-365.

[61] Marques J, Abrams D, Paez D. The role of categorization and in-group norms in judgments of groups and their members [J]. Journal of Personality and Social Psychology, 1998, 75(4): 976.

[62] Mazzocco, Philip J, Derek D. Rucker, Adam D. Galinsky & Eric T. Anderson、Direct and vicarious conspicuous consumption: identification with low-status groups increases the desire for high-status goods [J]. Journal of Consumer Psychology, 2012, 22 (4): 520-528.

[63] Mcalexander J H, Roberts S D. Loyalty: the influences of satisfaction and brand community integration[J]. Journal of Marketing Theory & Practice, 2003, fall: 1-11.

[64] McCombs M E, Shaw D L. The agenda-setting function of mass media[J]. Public Opinion Quarterly, 1972: 176-187.

[65] Moschis G P. Shopping orientations and consumer uses of information[J]. Journal of Retailing, 1976, 52(2).

[66] Muge Arslan F, Korkut Altuna O. The effect of brand extensions on product brand image[J]. Journal of Product & Brand Management, 2010, 19(3): 170-180.

[67] Nam H, Kannan P K. The informational value of social tagging networks [J]. Journal of Marketing, 2014, 78(4): 21-40.

[68] Ng Y K. Relative-income effects and the appropriate level of public expenditure [J]. Oxford Economic Papers, 1987, 39: 293-300.

[69] Obbard M E, Brooks R J. Fate of overwintered clutches of the common snapping turtle (chelydra serpentina) in Algonquin Park, Ontario [J]. Canadian Field-Naturalist, 1981, 95(3): 350-352.

[70] Oliver, Richard L. A cognitive model of the antecedents an consequences of satisfaction decisions [J]. Journal of Marketing Research, 1980, 4 (17): 460-469.

[71] O'Cass, Aron, Hmily Frost. Status brands: examining the effects of non-product-related brand associations on status and conspicuous consumption[J]. Journal of Product and Brand Management, 2002, 11(2): 67-88.

[72] Parker B T. A comparison of brand personality and brand user-imagery congruence [J]. Journal of Consumer Marketing, 2009, 26(3): 175-184(10).

[73] Paul C, Henry. Social class, market situation, and consumers' metaphors of (dis) empowerment[J]. Journal of Consumer Research, 2005, 31(4): 766-778.

[74] Peterson R A, Kern R M. Changing highbrow taste: from snob to omnivore[J]. American Sociological Review, 1996: 900-907.

[75] Phelps J, Nowak G, & Ferrell E. Privacy concerns and consumer willingness to provide personal information[J]. Journal of Public Policy & Marketing, 2000, 19 (1): 27-41.

[76] Richins M L. Negative word-of-mouth by dissatisfied consumers: a pilot study[J]. The Journal of Marketing, 1983, 47(1): 68-78.

[77] Richins, Marsha L. Special possessions and the expression of material values[J]. Journal of Consumer Research, 1994, 11(21): 522-533.

[78] Richins M L. Valuing things: the public and private meanings of possessions[J]. Journal of Consumer Research, 1994, 21(3): 504-521.

[79] Richins, Marsha L. The material values scale: measurement properties and development of a short form[J]. Journal of Consumer Research, 2004, 6(31): 209-219.

[80] Robertson T S, Myers J H. Personality correlates of opinion leadership and innovative buying behavior[J]. Journal of Marketing Research, 1969, 6(2): 164-168.

[81] Romaniuk J. Brand perceptions of former users[D]. Palmerston North: Massey University, 2001.

[82] Reed II, Americus. Activating the self-importance of consumer selves: exploring identity salience effects on judgments[J]. Journal of Consumer Research, 2004, 31(2): 286-295.

[83] Sally M K, Caroline T. Social meanings in christmas consumption: an exploratory study of UK celebrants' consumption rituals[J]. Journal of Consumer Behaviour, 2006, 5(2): 130-144.

[84] Schwartz, S. H. and Bilsky, W. Toward a theory of the universal content and structure of values: extensions and cross cultural replications [J]. Journal of Personality and Social Psychology, 1990, 58(5): 878-891.

[85] Sen S, Morwitz V. Withholding consumption: a social dilemma perspective on consumer boycotts[J]. Journal of Consumer Research, 2001, 28(3): 399-417.

[86] Shang, Jen., Americus Reed II, and Rachel Croson. Identity congruency effects on donations[J]. Journal of Marketing Research, 2008, 45(3): 351-361.

[87] Sherif M. An experimental approach to the study of attitudes [J]. Sociometry, 1937(1): 90-98.

[88] Stafford J E. Effects of group influences on consumer brand preferences [J]. Journal of Marketing Research, 1966, 3(1): 68-75.

[89] Strauss A L, J M Corbin. Basics of qualitative research: techniques and procedures for developing grounded theory [M]. Thousand Oaks: Sage Publications, Inc., 1998.

[90] Sung Y, Kim J. Effects of brand personality on brand trust and brand affect[J]. Psychology & Marketing, 2010, 27(7): 639-661.

[91] Solomon M R. The role of products as social stimuli: a symbolic interactionism perspective[J]. Journal of Consumer Research, 1983, 10(3): 319-29.

[92] Solomon M R. The value of status and the status of value[J]. Consumer Value: A Framework for Analysis and Research, 1999(1): 63-84.

[93] Till B D, Busler M. The match-up hypothesis: physical attractiveness, expertise, and the role of fit on brand attitude, purchase intent and brand beliefs[J]. Journal of Advertising, 2000, 29(3): 1-13.

[94]Tsiros M, Mittal V, Ross W T. The role of attributions in customer satisfaction: a reexamination[J]. Journal of Consumer Research, 2004, 31(2): 476-483.

[95]Urde M. Brand orientation: a mindset for building brands into strategic resources [J]. Journal of Marketing Management, 1999, 15(1-3): 117-133.

[96]Vanitha S, Stilley K M., Rohini A. When brand personality matters: the moderating role of attachment styles[J]. Journal of Consumer Research, 2009 (6): 985-1002.

[97]Venkatesan M. Experimental study of consumer behavior conformity and independence[J]. Journal of Marketing Research, 1966, 3(4): 384-387.

[98] Vigneron F, Johnson L W, Mt M. A review and a conceptual framework of prestige-seeking consumer behavior[J]. Academy of Marketing Science Review, 1999, 1(3): 2-18.

[99] White K, Dahl D W. Are all out-groups created equal? consumer identity and dissociative influence [J]. Journal of Consumer Research, 2007, 34 (4): 525-536.

[100]Whittler T E, Spira J S. Model's race: a peripheral cue in advertising messages? [J]. Journal of Consumer Psychology, 2002, 12(Winter): 291-301.

[101] Whan Park, C. Strategic brand concept-image management [J]. Journal of Marketing, 1986, 50(4): 135-145.

[102]White K, Dahl D W. To be or not be? the influence of dissociative reference groups on consumer preferences[J]. Journal of Consumer Psychology, 2006, 16 (4): 404 - 414.

[103]White K, Dahl D W. Are all out-groups created equal? consumer identity and dissociative influence [J]. Journal of Consumer Research, 2007, 34 (4): 525-536.

[104]Wiedmann, Klaus-Peter, Nadine Hennigs, & Astrid Siebels. Value-based segmentation of luxury consumption behavior[J]. Psychology and Marketing, 2009, 26(7): 625-651.

[105] Wiesenfeld B M, Hambrick D C. The stigmatization and devaluation of elites

associated with corporate failures: a process model[J]. Academy of Management Review, 2008, 33(1): 231-251.

[106] Yau O H M. Chinese cultural values: their dimensions and marketing implications [J]. European Journal of Marketing, 1967, 22(5): 44-57.

[107] Zhang X A, Wang W. Face consciousness and conspicuous luxury consumption in China[J]. Journal of Contemporary Marketing Science, 2019(June).

[108] Alfred Marshall. 经济学原理[M]. 朱志泰, 等, 译. 北京: 商务印书馆, 2019.

[109] Baron R. A., Byrne D. 社会心理学[M]. 杨中芳, 译. 上海: 华东师范大学出版社, 2004.

[110] 柏桦, 崔永生. "情理法"与明代州县司法审判[J]. 学习与探索, 2006(1): 188-192.

[111] 陈娜. 中国古代司法中的情理探析[D]. 长春: 吉林大学, 2007.

[112] 陈晓萍, 徐淑英, 樊景立. 组织与管理研究的实证方法[M]. 北京: 北京大学出版社, 2008.

[113] 陈向明. 社会科学中的定性研究方法[J]. 中国社会科学, 1996(6): 93-102.

[114] 陈卓浩, 鲁直. 品牌个性匹配对品牌延伸态度影响研究——基于感知匹配度内涵的分析[J]. 中国工业经济, 2008(10): 85-96.

[115] 大卫·奥格威. 一个广告人的自白[M]. 3版. 林桦, 译. 北京: 中信出版社, 2015.

[116] 邓晓辉, 戴俐秋. 炫耀性消费理论及其最新进展[J]. 外国经济与管理, 2005(4): 2-9.

[117] 邓勇. 论中国古代法律生活中的"情理场"——从《名公书判清明集》出发[J]. 法制与社会发展, 2004(5): 63-72.

[118] 范忠信. 情理法与中国人[M]. 北京: 北京大学出版社, 2011.

[119] 黄静. 品牌营销[M]. 北京: 北京大学出版社, 2014.

[120] 黄静, 王新刚, 张司飞, 周南. 企业家违情与违法行为对品牌形象的影响[J]. 管理世界, 2010(5): 96-107.

[121]黄敏学，李小玲，朱华伟．企业被“逼捐”现象的剖析：是大众“无理”还是企业“无良”[J]．管理世界，2008(10)：115-126.

[122]霍存福．“合情合理，即是好法”——谢觉哉“情理法”观研究[J]．社会科学战线，2008(11)：178-197.

[123]黎建新．消费的外部性分析[J]．消费经济，2001(5)：54-56.

[124]刘宝宏．信息不对称条件下的消费者行为[J]．商业经济与管理，2001(7)：18-21.

[125]刘世雄，张宁，梁秋平．中国消费者文化价值观的代际传承与嬗变——基于中国主流消费群的实证研究[J]．深圳大学学报(人文社会科学版)，2010(6)：77-84.

[126]龙晓枫，田志龙，侯俊东．社会规范对中国消费者社会责任消费行为的影响机理研究[J]．管理学报，2016，13(1)：115.

[127]刘筱文．“法”与“情理”的选择——对农村和城市人民调解制度的分析[J]．天津商业大学学报，2003(6)：54-56.

[128]宁立志，许多奇．试论消费者权益保护法的价值取向[J]．法学评论，1999(4)：60-66.

[129]年小山．品牌目标市场管理[M]．北京：清华大学出版社，2006.

[130]王财玉．消费者自我-品牌联结的内涵形成机制及影响效应[J]．心理科学进展，2013(5)：922-933.

[131]王怀明．理性广告和情感广告对消费者品牌态度的影响[J]．心理学动态，1999(1)：56-59.

[132]王静．新奢侈品的消费动机与消费模式探析[J]．中国市场，2007(39)：172-173.

[133]王宁．消费社会学[M]．北京：社会科学文献出版社，2011.

[134]汪雄涛．明清判牍中的“情理”[J]．法学评论，2010(1)：148-154.

[135]汪丁丁．经济学理性主义的基础[J]．社会学研究，1998(2)：3-13.

[136]吴金海．面向社会责任消费：消费社会理论的批判性及其反思[J]．社会科学，2020(2)：98-109.

[137]孙毅蕾．麦肯锡2015年中国将成最大奢侈品消费国[N]．羊城晚报，2011-

03-16(12).
[138]周南，曾宪聚."情理营销"与"法理营销"：中国营销理论发展过程中若干问题思考[J]. 管理学报，2012(4)：481-491.
[139]张志华. 消费角色的越位与功利教育的膨胀——消费社会人的身份异化及其回归与超越[C]. 北京：中国教育学会教育学分会教育基本理论专业委员会第十三届学术年会，2011.

附录1　研究二的实验操控材料

一、消费者基本信息、消费类型的操控材料(实验1：相机消费测量)

向上消费：

徕卡(leica)相机以结构合理、加工精良、质量可靠而闻名于世，是许多摄影爱好者喜欢的品牌。Leica M 单反相机售价 79000 元。 赵某是上班人士，每月可支配收入 3500 元左右，最近入手了一台 Leica M 单反相机。

向下消费：

明基(BenQ)相机是由明基集团公司打造，产品致力于实现“传达资讯生活真善美”，并以高清画质、小巧便捷著称。BenQ G1 相机售价 999 元。 赵某是上班人士，每月可支配收入 35000 元左右，最近入手了一台明基 BenQ G1 相机。

二、消费者基本信息、消费类型的操控材料(实验2：皮包消费测验)

向上消费：

香奈儿(Chanel)产品以高雅、简洁、精美的风格著称，是许多消费者喜爱的品牌。Chanel 黑色荔枝牛皮 CF 单肩包售价 34999 元。 赵某是上班人士，每月可支配收入 3500 元左右，最近入手了一款 Chanel 黑色荔枝牛皮 CF 单肩包。

向下消费：

珑骧（Longchamp）品牌以创新手法制造每件精品，以传统中见时尚、永恒中见创意和粗犷中见细致的工艺而驰名。Longchamp 长柄单肩包售价 588 元。 赵某是上班人士，每月可支配收入 35000 元左右，最近入手了该款 Longchamp 长柄单肩包。

三、消费者基本信息、消费类型的操控材料(实验 3：汽车消费测量)

向上消费：

宝马(BMW)公司是德国一家世界知名的豪华汽车制造商，其产品在设计美学、动感和动力性能、技术含量和整体品质等方面具有丰富的产品内涵，给用户提供切实的附加值。宝马 5 系 525Li(领先型)售价 466600 元。 赵某是上班人士，每月可支配收入 5000 元左右，最近购买了该款宝马汽车。

向下消费：

长城哈弗(Haval)是长城汽车旗下产品，在设计上融合了轿车、MPV 和 SUV 等不同车型的特点，集休闲、运动、舒适性于一体，为大中城市的白领阶层所喜爱。哈弗 H5 2.0T (精英型)SUV 售价 107800 元。 赵某是上班人士，每月可支配收入 50000 元左右，最近购买了该款汽车。

附录2　研究三的实验操控材料

一、消费者基本信息、消费类型的操控材料(实验4：皮包消费测验)

向上消费(非从众)：

> 赵某是上班人士，每月可支配收入3500元左右。出于个人爱好，赵某最近购买了一款Chanel黑色荔枝牛皮CF单肩包，售价为34999元。
>
> 香奈儿(Chanel)产品以高雅、简洁、精美的风格著称，受到众多高级白领的喜爱。

向上消费(从众)：

> 赵某是上班人士，每月可支配收入3500元左右。由于每天出入高档写字楼，经过一段时间的观察，赵某为了更好地融入工作圈子，向同事和客户证明自己的工作能力，最近购买了一款Chanel黑色荔枝牛皮CF单肩包，售价为34999元。
>
> 香奈儿(Chanel)产品以高雅、简洁、精美的风格著称，受到众多高级白领的喜爱。

向下消费(非从众)：

> 赵某是上班人士，每月可支配收入35000元左右。尽管每天出入高档写字楼，身边接触的都是高消费群体，朋友们背的都是名贵包包，但赵某还是坚持自己的作风。最近，赵某购买了一款Longchamp长柄单肩包，售价为588元。
>
> 珑骧(Longchamp)品牌以创新手法制造每件精品，以传统中见时尚、永恒中见创意和粗犷中见细致的工艺而驰名。

向下消费(从众)：

赵某是上班人士，每月可支配收入 35000 元左右。出于个人喜好，最近赵某购买了一款 Longchamp 长柄单肩包，售价为 588 元。 珑骧（Longchamp）品牌以创新手法制造每件精品，以传统中见时尚、永恒中见创意和粗犷中见细致的工艺而驰名。

二、消费者基本信息、消费类型的操控材料(实验 5：汽车消费测验)

向上消费(非从众)：

赵某是上班人士，每月可支配收入 5000 元左右。出于个人偏好，赵某最近购买了宝马 5 系 525Li(领先型)，售价 466600 元。 宝马(BMW)公司是德国一家世界知名的豪华汽车制造商，其产品在设计美学、动感和动力性能、技术含量和整体品质等方面具有丰富的产品内涵，给用户提供切实的附加值，因而受到众多社会高级阶层的喜爱。

向上消费(从众)：

赵某是上班人士，每月可支配收入 5000 元左右。由于每天出入高档写字楼，经过一段时间的观察，赵某为了更好地融入工作圈子，向同事和客户证明自己的工作能力，最近购买了宝马 5 系 525Li(领先型)，售价 466600 元。 宝马(BMW)公司是德国一家世界知名的豪华汽车制造商，其产品在设计美学、动感和动力性能、技术含量和整体品质等方面具有丰富的产品内涵，给用户提供切实的附加值，因而受到众多社会高级阶层的喜爱。

向下消费(非从众)：

赵某是上班人士，每月可支配收入 50000 元左右。尽管每天出入高档写字楼，身边接触的都是高消费群体，朋友们都购买了豪华汽车。但赵某还是坚持自己的作风，最近购买了哈弗 H5 2. 0T(精英型)SUV，售价 107800 元。 长城哈弗(Haval)是长城汽车旗下产品，在设计上融合了轿车、MPV 和 SUV 等不同车型的特点，集运动、休闲与舒适于一体，并在同类汽车产品中以性价比较高而著称。

向下消费(从众)：

赵某是上班人士，每月可支配收入 50000 元左右。出于个人需要，赵某最近购买了哈弗 H5 2.0T(精英型)SUV，售价 107800 元。 长城哈弗(Haval)是长城汽车旗下产品，在设计上融合了轿车、MPV 和 SUV 等不同车型的特点，集运动、休闲与舒适于一体，并在同类汽车产品中以性价比较高而著称。

附录3　本研究所用量表

一、个性测试量表

实验1~3：

	非常不同意	不同意	有点不同意	不好说	有点同意	同意	非常同意
A11　就算便宜的东西被偷，我也会非常伤心	1	2	3	4	5	6	7
A12　如果需要某东西，我宁愿自己买也不愿跟别人借	1	2	3	4	5	6	7
A13　在旅行的时候，我喜欢拍很多照片	1	2	3	4	5	6	7
A21　我喜欢与别人分享自己所拥有的	1	2	3	4	5	6	7
A22　我不喜欢借东西给别人，就算好朋友也一样	1	2	3	4	5	6	7
A23　我喜欢向慈善机构捐款	1	2	3	4	5	6	7
A31　每当看别人买到他们想要的东西时，我都会觉得厌烦	1	2	3	4	5	6	7
A32　即使朋友们在竞争中做得比我好，我也会为他们感到高兴	1	2	3	4	5	6	7
A33　当朋友买了我买不起的东西时，我会感到不爽	1	2	3	4	5	6	7

实验4~5：

A31	我会通过搜集独特的产品来展示自己的与众不同	1	2	3	4	5	6	7
A32	我有时会通过购买独特的产品来为自己打造一个与众不同的形象	1	2	3	4	5	6	7
A33	我经常通过独一无二的品牌产品来塑造一种纯粹属于我的个人风格	1	2	3	4	5	6	7
A34	在选购商品的时候，我很注重该产品是否能够传达我的独特性	1	2	3	4	5	6	7
A35	我经常会通过产品的相互搭配来一个塑造难以被复制的个人形象	1	2	3	4	5	6	7

二、购买行为对品牌的影响测量

		非常负面	负面	有点负面	不好说	有点正面	正面	非常正面
C11	赵某的消费行为对该品牌声誉的影响	1	2	3	4	5	6	7
C12	赵某的消费行为对该品牌形象的影响	1	2	3	4	5	6	7

三、消费行为评价量表

		完全不同意	不同意	有点不同意	不好说	有点同意	同意	完全同意
B11	赵某的收入高于他/她的消费水平	1	2	3	4	5	6	7
B21	赵某的该消费行为是为了遵循群体规范	1	2	3	4	5	6	7
B22	赵某的该消费行为是特立独行的	1	2	3	4	5	6	7
B31	该消费行为与赵某的社会地位相匹配	1	2	3	4	5	6	7

续表

	完全不同意	不同意	有点不同意	不好说	有点同意	同意	完全同意
B32　该消费行为与赵某的身份相匹配	1	2	3	4	5	6	7
B33　该皮包与赵某的身份相匹配	1	2	3	4	5	6	7
B41　如果我是赵某，我也会进行该消费	1	2	3	4	5	6	7
B42　如果我是赵某，我也愿意进行该消费	1	2	3	4	5	6	7
B43　如果我是赵某，我也应该进行该消费	1	2	3	4	5	6	7
B51　赵某的该消费行为是正确的	1	2	3	4	5	6	7
B52　赵某的该消费行为是合理的	1	2	3	4	5	6	7
B53　赵某的该消费行为是合适的	1	2	3	4	5	6	7
B61　赵某可以负担该消费行为	1	2	3	4	5	6	7
B62　该消费行为在赵某能力掌控中	1	2	3	4	5	6	7

四、购买动机评价量表

	完全不同意	不同意	有点不同意	不好说	有点同意	同意	完全同意
D11　为了获得尊重	1	2	3	4	5	6	7
D12　为了炫耀	1	2	3	4	5	6	7
D13　为了展示自我	1	2	3	4	5	6	7
D21　因为该产品实用功能强	1	2	3	4	5	6	7
D22　因为该产品作用大	1	2	3	4	5	6	7
D23　因为该产品是必需品	1	2	3	4	5	6	7
D31　为了获得群体归属感	1	2	3	4	5	6	7
D32　为了与朋友们保持一致	1	2	3	4	5	6	7
D33　为了获取朋友们的认同感	1	2	3	4	5	6	7

五、消费者形象评价量表

	完全不同意	不同意	有点不同意	不好说	有点同意	同意	完全同意
E11 我喜欢赵某	1	2	3	4	5	6	7
E12 我对赵某有好感	1	2	3	4	5	6	7
E13 我对赵某评价较好	1	2	3	4	5	6	7

六、品牌熟悉度评价量表

	非常不熟悉	不熟悉	有点不熟悉	不好说	有点熟悉	熟悉	非常熟悉
F11 您对该品牌的了解程度	1	2	3	4	5	6	7

七、品牌形象评价量表

	完全不同意	不同意	有点不同意	不好说	有点同意	同意	完全同意
G11 我喜欢该品牌产品	1	2	3	4	5	6	7
G12 我对该品牌产品有好感	1	2	3	4	5	6	7
G13 我对该品牌产品评价较好	1	2	3	4	5	6	7
G21 该品牌是独特的	1	2	3	4	5	6	7
G22 该品牌有较高的地位象征	1	2	3	4	5	6	7
G23 该品牌是有声望的	1	2	3	4	5	6	7

续表

	完全不同意	不同意	有点不同意	不好说	有点同意	同意	完全同意
G31　听说该品牌后，我愿意向好友介绍其产品	1	2	3	4	5	6	7
G32　听说该品牌后，我愿意向好友推荐其产品	1	2	3	4	5	6	7
G41　条件许可时，我愿意购买该品牌产品	1	2	3	4	5	6	7
G42　条件许可时，我愿意使用该品牌产品	1	2	3	4	5	6	7